NEUROECONOMIA

Neuroeconomía

José Chavaglia Neto • José António Filipe • Manuel Alberto M. Ferreira

Neuroeconomia

Uma NOVA PERSPECTIVA sobre o processo de tomada de DECISÕES ECONÔMICAS

ALTA BOOKS
E D I T O R A
Rio de Janeiro, 2017

Neuroeconomia — Uma nova perspectiva sobre o processo de tomada de decisões econômicas
Copyright © 2017 da Starlin Alta Editora e Consultoria Eireli. ISBN: 978-85-508-0081-3

Todos os direitos estão reservados e protegidos por Lei. Nenhuma parte deste livro, sem autorização prévia por escrito da editora, poderá ser reproduzida ou transmitida. A violação dos Direitos Autorais é crime estabelecido na Lei nº 9.610/98 e com punição de acordo com o artigo 184 do Código Penal.

A editora não se responsabiliza pelo conteúdo da obra, formulada exclusivamente pelo(s) autor(es).

Marcas Registradas: Todos os termos mencionados e reconhecidos como Marca Registrada e/ou Comercial são de responsabilidade de seus proprietários. A editora informa não estar associada a nenhum produto e/ou fornecedor apresentado no livro.

Impresso no Brasil — 1ª Edição, 2017 - Edição revisada conforme o Acordo Ortográfico da Língua Portuguesa de 2009.

Obra disponível para venda corporativa e/ou personalizada. Para mais informações, fale com projetos@altabooks.com.br

Produção Editorial Editora Alta Books	**Gerência Editorial** Anderson Vieira	**Marketing Editorial** Silas Amaro marketing@altabooks.com.br	**Gerência de Captação e Contratação de Obras** autoria@altabooks.com.br	**Vendas Atacado e Varejo** Daniele Fonseca Viviane Paiva comercial@altabooks.com.br
Produtor Editorial Claudia Braga Thiê Alves	**Supervisão de Qualidade Editorial** Sergio de Souza			**Ouvidoria** ouvidoria@altabooks.com.br
Produtor Editorial (Design) Aurélio Corrêa	**Assistente Editorial** Juliana de Oliveira			
Equipe Editorial	Bianca Teodoro	Christian Danniel	Illysabelle Trajano	Renan Castro
Revisão Gramatical Thamiris Leiroza Barbara Azevedo	**Diagramação/Layout** Daniel Vargas	**Capa** Aurélio Corrêa		

Dados Internacionais de Catalogação na Publicação (CIP)
Vagner Rodolfo CRB-8/9410

C512n Chavaglia Neto, José
  Neuroeconomia: uma nova perspectiva sobre o processo de tomada de decisões econômicas / José Chavaglia Neto, José Antônio Filipe, Manuel Alberto M. Ferreira. - Rio de Janeiro : Alta Books, 2017.
  256 p. : il.; 24cm x 17cm.

  Inclui bibliografia e índice.
  ISBN: 978-85-508-0081-3

  1. Neuroeconomia. 2. Processo decisório. 3. Tomada de decisões. 4. Aspectos psicológicos. 5. Economia. I. Filipe, José Antônio. II. Ferreira, Alberto M. III. Título.

  CDD 153.83
  CDU 159.947.3

Erratas e arquivos de apoio: No site da editora relatamos, com a devida correção, qualquer erro encontrado em nossos livros, bem como disponibilizamos arquivos de apoio se aplicáveis à obra em questão.

Acesse o site www.altabooks.com.br e procure pelo título do livro desejado para ter acesso às erratas, aos arquivos de apoio e/ou a outros conteúdos aplicáveis à obra.

Suporte Técnico: A obra é comercializada na forma em que está, sem direito a suporte técnico ou orientação pessoal/exclusiva ao leitor.

Rua Viúva Cláudio, 291 — Bairro Industrial do Jacaré
CEP: 20970-031 — Rio de Janeiro - RJ
Tels.: (21) 3278-8069 / 3278-8419
www.altabooks.com.br — altabooks@altabooks.com.br
www.facebook.com/altabooks

Agradecimentos José Chavaglia Neto

Primeiramente agradeço a minha esposa Thaís e ao meu filho Luigi. Vocês são demais. Amo vocês.

Depois aos meus pais Levi e Marly. Obrigado pelo amor e carinho que recebo desde que nasci.

Ao meu sogro Ítalo e a minha sogra Marlene pelo carinho.

A toda a minha família e aos meus amigos pela compreensão.

Ao meu amigo e CEO do ipdois neurobusiness Marcelo Peruzzo.

Aos operadores dos equipamentos de *Eye Tracking* e *Face Reading* para os testes de Neuroeconomia, Pedro Colli e Thyago Peruzzo.

Devo um agradecimento especial às minhas amigas, Blanche Amancio Silva e Daniela Antunes e toda a equipe da empresa Texto & Cia., por sua dedicação. Sem vocês esse livro não seria publicado. Obrigado!

Um agradecimento especial à professora Maria do Socorro Dias Novaes de Senne pelo incrível trabalho.

Ao pessoal da J Editora da cidade de Curitiba-PR, pela abertura e empreendedorismo ao permitirem a realização dos testes em suas dependências.

A todos os meus professores e aos colaboradores do Departamento de Métodos Quantitativos do ISCTE/IUL pelo apoio e pelo seu trabalho no programa de doutoramento.

Ao Prof. Manuel Alberto Ferreira pelo empenho, colaboração e por compartilhar de sua vasta experiência com este aluno.

Agradeço também ao Prof. Manuel Coelho, pelo empenho e pela crítica sempre construtiva para o aprimoramento deste trabalho.

Certamente este trabalho não estaria sendo apresentado agora se não fosse por causa da visão deste homem que além de grande cientista é uma pessoa com um coração incrível que torna todo o processo de desenvolvimento do estudo um momento prazeroso. Trata-se do orientador deste estudo, o Prof. José António Filipe.

Agradecimentos José António Filipe

A todos os que me têm apoiado no desenvolvimento da investigação, em geral muito absorvente quer em termos de tempo quer em termos de trabalho. Quero agradecer em particular ao Dr. José Chavaglia Neto e ao Professor Manuel Alberto Ferreira a oportunidade de poder partilhar com eles esta obra.

Agradecimentos Manuel Alberto M. Ferreira

Agradeço muito ao Dr. José Chavaglia Neto, e também ao Professor José António Filipe, a excelente oportunidade que me proporcionaram de colaborar na elaboração desta obra.

PREFÁCIO

Escrever sobre neuroeconomia não é, definitivamente, uma tarefa simples por vários motivos. Primeiro porque é um campo da neurociência aplicada à economia, o que envolve um estudo profundo de ambas as ciências e demanda um tempo enorme, um longo e tortuoso caminho. Segundo, porque trata-se de compreender o real comportamento econômico do ser humano, incluindo seus infindáveis vieses cognitivos ou erros de pensamentos, o que significa desmanchar completamente o conceito do *Homo economicus*, entre racional e maximizador, criado pela economia ortodoxa, o que inverte vários preceitos dados como certos até então. Terceiro, porque sempre há uma resistência ao novo por parte de pessoas e instituições que terão que rever seus conceitos mais arraigados e contrapô-los. Tarefa para poucos que não se importam com o *status quo* adquirido e buscam o novo, o inédito sempre.

Bem, eu poderia ficar aqui dando motivos e mais motivos para lhe mostrar como esta obra foi uma tarefa que somente pessoas com muita determinação poderiam criar.

Quero aqui levantar três fatos fundamentais para quem quer aprender esta nova ciência aplicada, a neuroeconomia, tema do qual este livro trata brilhantemente e com muita competência. São aspectos essenciais que verás mais detalhadamente no corpo da obra, mas que se fazem nesse momento importantes. São eles: o antropocentrismo, a irracionalidade e a consciência.

Nós somos essencialmente antropocêntricos, que significa dizer que, nos percebemos como o centro do universo e, portanto, nos consideramos a criatura mais perfeita que surgiu na terra e neste conceito não há lugar para a irracionalidade no comportamento econômico. Foi em cima deste viés que se construiu toda a teoria econômica ortodoxa. Em torno de uma criatura nada real, um frankenstein econômico.

Se subestima no pensamento econômico tradicional a irracionalidade humana, só aplicada aos animais ou indivíduos com alguma doença mental. Não ao indivíduo pleno de sua consciência e de seus atos. Fato esse que escamoteia ou esconde nossos comportamentos automáticos, atos que se dão sem que saibamos. E daí entra outro aspecto que negamos insistentemente: a plena consciência dos atos.

Você já ouviu certamente falar que a maioria dos nossos pensamentos e sentimentos estão abaixo do nível de consciência. Traduzindo para números, dos onze milhões de bits de informação que o cérebro capta, apenas 40 bits são percebidos de maneira consciente.

A consciência tem pouco controle sobre nossas decisões. Ela funciona como um intérprete, que apresenta a informação, mas não é responsável pelos argumentos. Da mesma forma, as informações que percebemos em nossa consciência não são criadas por processos conscientes. A teoria do *Passive Frame*, nos mostra que a consciência é mais reflexiva e menos propositiva. Não tem controle sobre os diversos impulsos (necessidades, pensamentos, sensações e reações físicas) que passam por nossa mente a todo instante.

Qualquer organismo, desde os unicelulares até nós ou qualquer outro eucarionte ou multicelular, tem comportamento econômico, portanto este é antes de tudo um ato biológico. Os corpos agem sem que saibamos de maneira a otimizar economicamente a vida, para criar a homeostasia ou equilíbrio entre o ambiente interno e o ambiente externo. Assim, notamos que a economia é antes de tudo um estudo que deve começar pela biologia como faz esta ciência aplicada, a neuroeconomia, que como o próprio nome diz, pesquisa o comportamento econômico a partir da atividade cerebral. E mais a mais, não faz sentido estudar um objeto, o comportamento humano, sem que se entenda das propriedades básicas dele. Seria como construir um prédio sem entender das propriedades do aço, se ele se expande e a que temperatura o faz. Certamente este edifício cairia.

Verdade é que existe um abismo enorme entre o que realmente sabemos e o que pensamos que sabemos! E esta obra vem para nos tirar deste abismo e nos levar para o topo dos inovadores pensamentos econômicos da atualidade.

Pedro Camargo

Pós-graduado em Comunicação de Marketing pela ESPM e Mestre em Educação pela PUC de Campinas.
Professor em cursos de graduação e consultor em Neuromarketing e Biologia do Comportamento do Consumidor.

SUMÁRIO

Introdução XVII

PARTE I

Capítulo 1   Neuroeconomia 3
   1.1 A Evolução histórica da Ciência Econômica 7
   1.2 Uma questão de valor: Valor-Trabalho, Valor-Utilidade e Valor Biológico 12
      1.2.1 Teoria do Valor-Trabalho 12
      1.2.2 Teoria do Valor-utilidade 15
      1.2.3 Teoria do Valor Biológico 19
   1.3 Utilidade: Economia tradicional, economia comportamental e Neuroeconomia 24
   1.4 A tomada de decisão: Teoria das decisões 34
   1.5 Homo Economicus versus Homo Neuroeconomicus 40

Capítulo 2   Conhecendo a Neurociência 43
   2.1 Algumas considerações gerais 43
   2.2 O cérebro humano 48
   2.3 Os Neurotransmissores e os hormônios 52
   2.4 A teoria dos três cérebros 56
   2.5 Técnicas de pesquisa em Neurociência e Neuroeconomia 60
      2.5.1 Face Reading 60

2.5.2 *Eye Tracking* 61
2.5.3 Técnicas de SPET e PET 63
2.5.4 Ressonância Magnética Funcional 64
2.5.5 Atividade Eletrodérmica (Condutância de Pele) 66
2.5.6 Magnetoencefalograma (MEG) 68
2.5.7 O futuro da pesquisa em Neuroeconomia: a optogenética pode ajudar consumidores e vendedores? 69

Capítulo 3   Efeitos da interação entre o cérebro e a vida econômica 73
3.1 UMA QUESTÃO DE PERCEPÇÃO 73
3.2 UMA BREVE DESCRIÇÃO ACERCA DA CONSCIÊNCIA E INCONSCIÊNCIA 76
3.2.1 Os primórdios da consciência e da inconsciência 77
3.2.2 Uma abordagem à luz da Neurociência 78
3.2.3 Tipos de consciência 80
3.2.4 O caráter constitutivo da irracionalidade e a mente inconsciente 81
3.3 MEMÓRIA: LONGO VERSUS CURTO PRAZO 83
3.4 NEURÔNIOS-ESPELHO 86
3.5 A IMPORTÂNCIA DA GENÉTICA E DA MEMÉTICA PARA A TOMADA DE DECISÃO: O GENE E O MEME 88
3.5.1 Genética 88
3.5.2 Memética 90

Capítulo 4   Alguns problemas econômicos em economia
            comportamental e Neuroeconomia 93
4.1 EFEITO DE CONTEXTO 94
4.2 INCERTEZA 96
4.3 TEMPO 99

4.4 Interação entre estratégia e normas sociais 100
4.5 Equidade 101
4.6 A "verdadeira relação" entre demanda, oferta e os problemas econômicos 103
4.7 O problema das previsões 108
4.8 Seguir a manada 109
4.9 Efeito de contexto na tomada de decisão dos agentes econômicos 111

Capítulo 5   Políticas em Neuroeconomia 115
5.1 Identificando as emoções dos agentes no processo de tomada de decisão 115
5.2 A geração de estímulos para orientação dos tomadores de decisão 119
5.3 A ética e a moral na Neuroeconomia 122

Capítulo 6   Métodos Quantitativos: análise de dados em Neuroeconomia 125
6.1 Unindo conceitos: Neuroeconomia e Métodos Quantitativos 128
6.2 Modelos em Neuroeconomia 130
    6.2.1 Questões Gerais 130
    6.2.2 Um Modelo para o Sistema Dopaminérgico 133
    6.2.3 Neuroprobabilidade 139
    6.2.4. Modelação neuroeconômica da tomada de decisão 150

PARTE II

Capítulo 7   Alguns Estudos Práticos em Neuroeconomia 163
7.1 O efeito de Contexto (Parte I) 164
7.2 Teste de Contexto — (Parte II) 168

Capítulo 8   Estudo por questionário 171
    8.1 Qual o grupo responsável pela não utilização de energias renováveis na Amazônia? 171

Capítulo 9   Estudo de Identificação de Perfil mental dos agentes
                 econômicos (Leitura das Microexpressões Faciais) 175
    9.1 Resultados da Leitura Facial 175

Capítulo 10   Resultado *Eye Tracking* 183
    10.1 Conhecendo o *Eye Tracking* 183
    10.2 Experimento com *Eye Tracking* 186
        10.2.1 *Eye Tracking* incluindo os AOIs 194

Capítulo 11   Alguns apontamentos sobre os resultados encontrados 197

Capítulo 12   Considerações Finais sobre os Resultados Gerais do Estudo 199

Conclusão 203
    Sugestões e Recomendações 206

Bibliografia 209

Índice 223

Sobre os Autores 229

INTRODUÇÃO

Apesar do conturbado momento político e econômico, para muitos, o Brasil continua a ser o país do presente! E a perspectiva positiva que se sente acerca do futuro do país é imensa. O sucesso econômico tem trazido consigo muitos desafios de onde surgem muitas possibilidades. Contudo, a solução para a transposição destas barreiras ao desenvolvimento econômico deságua, muitas vezes, na incapacidade dos agentes econômicos tomarem decisões racionais em termos da alocação dos recursos do país.

Seja por sua exuberância natural, seja pela alegria do seu povo ou até mesmo pela sua economia, hoje o Brasil é uma realidade promissora enquanto país, nação e economia. Contudo, o caminho para chegar a este momento histórico foi tortuoso. Muitos desencontros e dificuldades marcaram a sua História. Pode referir-se, por exemplo, a exploração por povos estrangeiros, a corrupção, a desigualdade, a violência, a degradação do meio ambiente... para só alguns serem referidos.

Entretanto à medida que estas barreiras vão sendo superadas, novas surgem sob a forma de paradoxos. É o caso da forma como os recursos naturais têm vindo a ser explorados. Este paradoxo coloca o homem diante do seguinte dilema: utilizar os recursos enquanto são valorados pelos consumidores no presente (afinal não se sabe se estes recursos terão valor futuro como têm hoje); ou preservar estes recursos para as gerações futuras.

A verdade é que as externalidades negativas decorrentes da utilização dos recursos naturais devem ser minimizadas. Mas como é sabido, esta não é uma missão fácil, pois as variáveis envolvidas nas tomadas de decisão abrangem a aleatoriedade, como no caso do comportamento da natureza (o clima); e por conta de variáveis previsíveis, mas que são encaradas pelos tomadores de decisão como aleatórias, como é o caso do comportamento das pessoas no mercado.

A dificuldade em contornar o problema da geração de externalidades (portanto, envolvendo a questão do homem ser racional nas decisões relativas aos recursos naturais) tem de fato origem nesta própria condição humana relativa à racionalidade (pelo menos numa parte do tempo). Esta análise pode ser antevista, por exemplo, desde logo por via da teoria econômica ortodoxa, que contempla uma visão baseada na racionalidade para resolver os problemas econômicos. O caso descrito se refere aos aspectos relacionados aos recursos naturais, mas pode ser muito bem extrapolado para qualquer área da economia.

Contudo poder-se-á constatar que entender o processo de tomada de decisão não é tão "simples" quanto supunham os economistas ortodoxos. Isto acontece porque se verifica na realidade um viés ao comportamento otimizado por parte dos agentes na economia. Afinal, são pessoas que decidem sobre a exploração dos recursos escassos; e as pessoas estão sujeitas a erros e a uma série infinita de distorções comportamentais decorrentes de muitos estímulos, alguns conscientes e muitos inconscientes por ocasião da tomada de decisão.

Tomando ainda como exemplo os recursos naturais e as formas de produção de um modo integrado, pode verificar-se que muitos são os produtos que derivam diretamente dos próprios recursos naturais, na sua forma mais intrínseca. O economista Joseph Schumpeter (1883–1950) classificou os produtos em ordens. Quanto mais o produto é processado e se distancia de sua forma enquanto matéria-prima, maior a sua ordem, sendo os recursos naturais como ar, água, ou terra, considerados bens de primeira ordem (veja Schumpeter, 1982 [1964]). Neste estudo destacar-se-á um bem que pode ser classificado como um bem de segunda ordem: a energia elétrica. Este produto foi escolhido por ser um produto determinante para a economia de qualquer país. Por exemplo, para saber como anda a economia de um país, basta acompanhar a produção e a produtividade da geração de energia elétrica desse país. Desta forma, desde logo, indicadores confiáveis acerca daquela economia serão gerados. Entretanto, sempre que oportuno, far-se-á análises de produtos das demais ordens.

Sendo os recursos escassos, decidir acerca da sua alocação é fundamental para a economia e para as atividades das pessoas de uma forma geral. Contudo, na maioria das vezes as decisões são tomadas, por exemplo, com base nos fatores biológicos do ser humano, como as emoções e dificuldades de entendimento de fatores ambíguos, havendo, no entanto, outros fatores a influenciar esse processo. Sendo assim, as teorias ortodoxas baseadas na racionalidade do homem mostram-se ineficazes para analisar e para prever qualquer tendência acerca da utilização destes fatores.

Como se isso não bastasse, tal como aconteceu nos anos da década de 1930, o mundo desenvolvido tem assistido a mais uma forte crise econômica. E da mesma forma como ocorrera na crise dos anos de 1930, a teoria econômica, embora de forma generalista, é responsabilizada pela sua incapacidade em explicar e resolver os problemas econômicos. Especificando um pouco, há um questionamento — assim como outrora — acerca da capacidade dos mercados se autorregularem e uma crítica severa contra o perfil do ser imaginário chamado de *"homo economicus"*, conceito comportamental imaginado para o homem quanto às suas decisões econômicas.

Estas críticas apontam para uma provável disparidade entre o conceito do *"homo economicus"* e o verdadeiro comportamento do homem quanto às suas decisões perante os fatos econômicos. Com base nestas duas críticas aos modelos de análise utilizados até então pela economia tradicional, surgiu um número significativo de tentativas de suprir as necessidades de um modelo analítico que seja representativo e confiável para a tomada de decisão na economia. Considerando os modelos propostos, podemos destacar o modelo baseado na "Neuroeconomia". Estas abordagens são baseadas em modelos que oferecem possibilidades alternativas e confiáveis para a elaboração e execução de pesquisas referentes à investigação do comportamento dos agentes *econômicos*, em especial, das variáveis referentes ao consumo de energia elétrica, no estudo que propomos, e ainda mais especificamente, sobre o modal escolhido para a geração da energia elétrica por parte dos agentes. Esta vertente da teoria econômica prima pela análise através de exames laboratoriais do cérebro humano, quando são expostos a situações de decisão econômica, além de outras técnicas de pesquisa direcionadas à captação de dados fisiológicos dos indivíduos.

A escola clássica de economia, fundada por Adam Smith (1776), tinha como pilar teórico a ideia da existência de uma *"mão invisível"* no mercado, que o conduziria sempre para a situação de equilíbrio. Em outras palavras, de uma forma genérica, os economistas clássicos acreditavam que as economias de mercado tinham a capacidade de, sem a interferência do governo, utilizar de maneira eficiente todos os recursos disponíveis (veja Lopez e Vasconcellos, 2000, p. 15). Apesar de ter sido absolutamente contestada aquando da crise dos anos 30, por Keynes (1936), voltou a ser aceita e difundida — principalmente nos EUA — e de uma forma muito particular por muitos governistas, empresários, acadêmicos, pesquisadores e outros atores na economia. Contudo, após o estouro da crise em 2008, a culpa foi direcionada também muito especialmente aos banqueiros "gananciosos" e aos economistas, que demonstraram incapacidade de explicar e solucionar os novos problemas causadores desta crise. No entanto, ela não foi só culpa dos banqueiros e dos economistas, como sugerem muitos jornais "sensacionalistas" de todas as partes do mundo. Segundo o Professor de economia da FEA-USP, Antônio Delfim Netto (2010) "ela é o testemunho de uma ideia, ou melhor, de um pressuposto que provou ser falso: a crença de que os mercados financeiros eram eficientes e os agentes racionais".

Para Stiglitz, citado por Teixeira e Porto (2009, p. 157), "o modelo básico de homem econômico, a noção de que indivíduos são necessariamente racionais, também foi posta em questão". Isto significa que o conceito do *"homo economicus"*, que define o homem como um ser racional, capaz de fundamentar suas decisões com base em suas razões econômicas foi contestado por acadêmicos — de diversas áreas do conhecimento — que fundamentaram suas críticas na distância existente entre os resultados obtidos nas análises econômicas derivadas ou baseadas neste conceito e o que realmente ocorre com o ser humano à luz das verdadeiras variáveis que influem nas decisões econômicas.

Nesta crise econômica que provocou a contestação das ferramentas amplamente utilizadas pelos economistas, vem-se evidenciando então o surgimento de teses alternativas à economia tradicional. No caso da *"Neuroeconomia"*, que direciona seus estudos à investigação das variáveis fisiológicas que determinam as escolhas econômicas das pessoas, pode-se afirmar que esta abordagem analisa as tomadas de decisão partindo da ótica do homem como um ser que toma suas decisões econômicas baseado nos processos automáticos do cérebro. Em suma, ao contrário do que propõe a ideia do *"homo economicus"*, tem-se comprovado por meio de vários testes, que homens e mulheres surgem como seres emocionais, contraditórios, medrosos, ou seja, extremamente humanos (veja Teixeira e Porto, 2009, p.136).

Graças aos avanços da Neurociência, com destaque para as modernas técnicas de imagiologia, como a RMf (Ressonância Magnética Funcional), Tomografia computadorizada, EEG (Eletroencefalograma), hoje é possível a verificação com precisão das funcionalidades do cérebro humano. Diante das novas possibilidades, os economistas — assim como em outro momento histórico fizeram com a estatística, a filosofia, a matemática e outras disciplinas — apropriaram-se dos conceitos da Neurociência para fundar a Neuroeconomia, embora também muitos neurocientistas estejam utilizando os fundamentos da economia para verificar o processo cerebral da tomada de decisão na vida econômica.

Veremos também, nesta obra, que entender o funcionamento do cérebro dos agentes econômicos é muito importante, embora não garanta a verificação dos resultados, e muito menos a realização de previsões confiáveis. Na verdade, a Neuroeconomia necessita de apoio de ferramentas analíticas que proporcionem segurança no processo de avaliação dos dados encontrados nas pesquisas cerebrais e comportamentais.

O homem contemporâneo precisa de ferramentas confiáveis para tomar decisões no mundo econômico, nomeadamente, como é o caso presente, quando o assunto envolve a geração de valor econômico na produção de bens e serviços, tendo em vista o consumo das famílias.

Faremos, também, uma análise técnica cuja base teórica reside na Neuroeconomia. Nesta etapa do estudo, é feita uma análise comparativa da pesquisa tradicional em relação a esta metodologia baseada na Neuroeconomia. Também será apresentado o estudo referente à forma, ou ao contexto, como as decisões são apresentadas aos agentes. Em segundo lugar, testes com a ajuda de equipamentos como o de mapeamento ocular (*Eye Tracking*) e o de leitura das microexpressões faciais (*Face Reading*), e faremos também uma análise sobre vários modelos apresentados na área da Neuroeconomia. Por fim, apresentar-se-á uma conclusão, acompanhada de alguns apontamentos para pesquisas e estudos futuros relacionados com a Neuroeconomia.

De uma forma geral é possível operacionalizar um conjunto de conceitos acerca da Neuroeconomia e realizar testes e estudos específicos sobre os agentes envolvidos na alocação dos recursos produtivos.

Neste estudo desenvolveu-se a ideia de que os elementos analíticos da Neuroeconomia podem representar ganhos de eficácia e eficiência analítica quando combinados com os métodos quantitativos no que se refere à tomada de decisão.

Portanto, o tema desta "obra" é a Neuroeconomia. O campo de análise resulta de estudos comportamentais e cerebrais do processo de tomada de decisão dos agentes e dos prováveis impactos destas decisões para os agentes econômicos. Para tal pretende-se realizar um trabalho de base que permita:

- ✓ A apresentação do referencial teórico da Neuroeconomia.
- ✓ O reconhecimento da racionalidade limitada dos agentes econômicos.
- ✓ O entendimento do papel das emoções na tomada de decisão.
- ✓ A compreensão dos processos cerebrais envolvidos na tomada de decisão.

- ✓ A associação de técnicas neuroeconômicas aos conceitos de métodos quantitativos para o estudo da tomada de decisão.
- ✓ A interpretação e a projeção de análises relativas a modelos na área da Neuroeconomia e sua aplicação à vida econômica.

Desta forma o nosso objetivo é o de contribuir para a criação de um quadro de referência para a análise e tratamento das variáveis neuroeconômicas. Tendo como objetivos específicos:

- ✓ Apresentar o referencial teórico da Neuroeconomia.
- ✓ Análise de modelos neuroeconômicos e sua possível aplicação na vida real.
- ✓ Identificação do papel do contexto decisório.
- ✓ Verificação da importância do perfil mental dos agentes econômicos.
- ✓ Análise de dados relativos ao comportamento dos agentes.

Entender o funcionamento do processo de tomada de decisão na economia é muito importante para as pretensões do Brasil em crescer de forma consistente nos próximos anos. Sabendo disto, em tese, o governo e os demais agentes deveriam investir de forma mais robusta no estudo do cérebro e do comportamento econômico das pessoas.

Apesar de todo um arcabouço teórico e prático de que dispõem os agentes econômicos, percebe-se uma incapacidade sistemática para a resolução do problema referente à obtenção de ganhos na economia. Uma ideia que pode ser defendida é a de que aplicações com base nas teorias tradicionais (ortodoxas) da economia não são os meios mais eficazes para se chegar a bons resultados. Tal fato permite a introdução de uma abordagem alternativa na tentativa de obter melhores resultados acerca da explicação do comportamento dos agentes econômicos.

A Neuroeconomia apresenta-se pois como uma possível solução para o mapeamento daquilo que se passa na mente dos agentes, podendo-se constituir, portanto, como uma importante ferramenta analítica.

Contudo só mapear os fatores que desencadeiam as ações dos agentes econômicos não garante aos tomadores de decisão um resultado ótimo. É necessário ir mais além, e é aí que este estudo se justifica mais ainda, utilizando ferramentas analíticas para suporte das políticas adotadas.

Portanto, este estudo vem propor uma nova abordagem procurando contribuir para solucionar os problemas de gestão das decisões no mundo dos negócios.

Este estudo admite que o homem na maioria das vezes toma suas decisões econômicas de forma inconsciente. Este estudo consiste numa tentativa de ajudar os agentes a tomar decisões mais confiáveis, mas também em abordar uma temática nova para os padrões brasileiros com a utilização da Neuroeconomia. Por fim, este estudo permitirá a acadêmicos, executivos e demais atores econômicos ver nesta abordagem uma alternativa acerca da tomada de decisão envolvendo, por exemplo, questões relativas a sustentabilidade, o que é algo realmente novo para os padrões dos estudos em Neuroeconomia em termos globais.

Diante dos poucos trabalhos no Brasil que abordam o tema como este pretende, identifica-se no presente trabalho, graças aos avanços da Neurociência, especificidades que poderão contribuir para alterar a forma como estudos referentes ao processo de tomada de decisão são fundamentados e apresentados.

Considerando agora um pouco da metodologia utilizada nos testes. Quanto aos fins, esta pesquisa é explicativa, pois tem como principal objetivo tornar algo inteligível e justificar os motivos. Visa, portanto, esclarecer quais os fatores que contribuem, de alguma forma, para a ocorrência de determinado fenômeno (veja Vergara 2004, p. 47). Quanto aos meios, a pesquisa é de campo, já que ocorre em um local que dispõe de elementos para explicar o fenômeno estudado, com a aplicação de entrevistas, questionários e testes. É também documental, pois se utiliza de documentos. A pesquisa é bibliográfica, levando em conta que vários livros, revistas científicas, artigos eletrônicos e jornais serão utilizados para o estudo. A pesquisa se enquadra também como experimental, pois se aplica o uso de laboratório para manipular e controlar variáveis independentes, observando as variações que estas manipulações geram nas variáveis dependentes. A pesquisa experimental é aquela que determina o objeto do estudo, relacionando as variáveis, de modo a conceituar as formas de observação e controle. As vantagens são o grande grau de clareza, objetividade e precisão nos resultados (veja Estevam, 2005, p. 174).

Como instrumento de trabalho, se destacam os seguintes:

- ✓ Pesquisa bibliográfica.
- ✓ Estudo de caso.
- ✓ Pesquisa documental.
- ✓ Análise de dados estatísticos.
- ✓ Questionários a gestores de grandes empresas brasileiras e portuguesas.
- ✓ Utilização do software para leitura facial.
- ✓ Coleta de dados com o mapeamento ocular com a tecnologia *Eye Tracking*.

O estudo ora em evidência almeja, à luz da Neuroeconomia, analisar os aspectos referentes à tomada de decisão por parte dos agentes econômicos na alocação dos recursos escassos. Para tal serão realizados testes baseados nas teorias e práticas da Neuroeconomia, em que será considerada uma condição prévia da existência do viés cognitivo na tomada de decisão dos agentes. Estes testes (laboratoriais e em campo) foram baseados em situações de tomada de decisão.

Este estudo não se restringiu à análise do comportamento dos agentes diante das situações de decisão na vida econômica. Utilizou-se modelos e análise de dados para avaliar o comportamento global dos estímulos gerados nos agentes econômicos.

As teorias econômicas tradicionais não conseguem explicar e nem prever com eficácia a realidade da vida econômica, em que se evidencia uma crescente demanda por metodologias que contemplem a otimização da tomada de decisão.

No Brasil, tanto o governo como as unidades produtivas têm acompanhado uma busca pela ampliação das ferramentas para a tomada de decisão. Mas este esforço vai além da ampliação quantitativa. Pois, além de produzir novas ferramentas é necessário que se faça com que essas ferramentas fiquem disponíveis às unidades produtivas e consumidores de todas as regiões do Brasil.

Neste contexto, surge uma problemática interessante para esta obra que consiste em descobrir os pormenores da tomada de decisão. Emerge desta forma a pertinência da utilização da Neuroeconomia para a análise do comportamento dos agentes econômicos.

Com base no exposto este estudo pretende saber sobre os impactos para a tomada de decisão dos agentes econômicos tendo em vista uma análise com base na Neuroeconomia.

PARTE I

Capítulo 1
Neuroeconomia

A Neuroeconomia é a fusão não somente da Neurociência com a Economia, como o próprio nome sugere, como também a junção de muitas outras disciplinas (como biologia, física, química, estatística, matemática, psicologia, farmacologia, entre outras) que caminham na direção de uma tomada de decisão mais "realista" e adequada ao quotidiano por parte dos agentes econômicos. Ou seja, a Neuroeconomia surgiu da necessidade de alcançar resultados mais confiáveis acerca das decisões econômicas das pessoas.

Apesar de colocarem os conceitos de Neuroeconomia no "enquadramento teórico" não podemos afirmar que existam teorias neuroeconômicas como ocorre na economia tradicional. A Neuroeconomia resulta de um conjunto de resultados biológicos e matemáticos de situações do processo cerebral da tomada de decisão das pessoas na economia.

Segundo Gul e Pesendorfer (2005, p. 02) identifica-se como Neuroeconomia a pesquisa que implícita ou explicitamente faz uma das seguintes reivindicações:

- ✓ gera uma prova psicológica e fisiológica (tais como descrições de estados hedônicos e processos cerebrais) que são diretamente relevantes para as teorias econômicas. Em particular, podem ser usados para suportar ou rejeitar os modelos econômicos ou metodologia econômica;

- ✓ o que faz as pessoas felizes (verdadeira utilidade) difere da utilidade tradicional que leva os agentes a escolherem racionalmente (utilidade tradicional). A análise econômica deve basear-se na "verdadeira utilidade".

A economia que vinha visando os modelos econômicos da escola neoclássica baseou a formulação de seus modelos em premissas advindas da física e também da matemática. Neste sentido o importante na criação de modelos econômicos passava por definir a relação (por vezes misteriosa) entre variáveis, sendo a lógica endógena do modelo de igual importância para a explicação do sistema analisado. Esta é uma herança de Isaac Newton (1643–1727). Porém esta suposição de que as ações humanas na vida econômica poderiam ser modeladas sem serem observadas diretamente constitui um erro de análise (veja Zak, 2007, p. 2).

A Neuroeconomia consiste em um novo campo de estudos em economia que analisa as relações entre a organização interna do cérebro e o comportamento dos indivíduos. Baseia-se na tomada de decisões individuais, na interação social e diante de instituições como o mercado (veja Sandroni, 2007, p. 907). É também um campo emergente transdisciplinar que usa técnicas de medição da Neurociência para identificar os substratos neurais associados às decisões econômicas (veja Zak, 2004, p. 1737). Contudo existem alguns casos em que ocorre a combinação de conceitos e práticas de Neuroeconomia com metodologias tradicionais como acontece, por exemplo, com a utilização de axiomas aplicados (veja Caplin e Dean, 2007, p. 16).

Este novo campo de estudo tem em sua essência a premissa de que o ser humano é basicamente irracional e movido por vieses cognitivos derivados do inconsciente; e por isto a Neuroeconomia propõe uma visão antagônica relativamente à visão tradicional da economia, o que lhe garante uma reconhecida importância para o desenvolvimento de estudos econômicos que representem um caminho mais fidedigno para a tomada de decisão e compreensão dos complexos problemas econômicos desta época.

Mas nem tudo são "flores" na Neuroeconomia. É necessário considerar algumas críticas. Segundo Gul e Pesendorfer (2005, p. 02) tanto os neurocientistas que adotaram a economia, como os economistas que adotaram a neurociência simplificaram demais os fatos. Isto implicou uma generalização do conteúdo, o que viria a fazer da Neuroeconomia uma espécie de disciplina "amadora". Certamente essas referências à Neuroeconomia por esses autores devem ser levadas em consideração.

A Neuroeconomia não consiste na associação genérica entre a economia e a neurociência, quer dizer, ou é unicamente economia ou é unicamente neurociência. Ou seja, Neuroeconomia não é simplesmente economia e também não é simplesmente neurociência. A Neuroeconomia é uma disciplina particularmente nova. De fato, a Neuroeconomia — como disciplina não consolidada — tem ainda o seu objeto de estudo tal como o seu método mal definidos ou mesmo indefinidos, o que tem levado a que se abra espaço para uma certa dificuldade de desenvolvimento e resolução dos problemas que ela prevê estudar. Muitas vezes, isso conduz a equívocos nas aplicações. Tal fato leva à impossibilidade de contestação teórica. Portanto, a Neuroeconomia "não explica" a neurociência, e a neurociência "não pode explicar" a economia.

Um ponto a realçar que pode ser, contudo, apresentado em favor da Neuroeconomia é o de que esta disciplina foi construída ao longo do tempo (como será visto mais à frente). Não surgiu repentinamente. Portanto, muitos estudos foram levados a cabo para que hoje possa ter um campo de estudo independente.

Outra crítica, esta mais generalista, é a de que os neuroeconomistas não conseguem ajustar os modelos neuroeconômicos para uma crítica exata dos modelos ortodoxos. Também fazem, por vezes, mau uso das informações obtidas, além de não considerarem os resultados comportamentais (veja Neumaerker, 2007,

p. 75). Sobre estas críticas especificamente, esse autor não considerou que grande parte dos neuroeconomistas considera os resultados finais (comportamentais) para a análise neuroeconômica. Testes para a obtenção de resultados fisiológicos são recentes e precisos. Entretanto as pesquisas ainda dependem dos projetos dos pesquisadores e da sua perspicácia, perante os desafios existentes nestas pesquisas. Como resultado, as pesquisas em termos qualitativos podem variar de estudo para estudo, mas isto não significa fazer mau uso de informações.

O objetivo da Neuroeconomia não é refutar, em si, todos os estudos de economia ortodoxa. Os economistas por pura curiosidade e por hábito costumam comparar. Entretanto a Neuroeconomia vem despertando o interesse de muitos pesquisadores e tem apresentado possibilidades antes não imaginadas por economistas tradicionais.

Antes de fazer um aprofundamento do conceito da Neuroeconomia, torna-se necessário compreender um pouco melhor os fatores que levaram a teoria econômica a este ponto da História.

Com efeito, é agora oportuno fazer uma clarificação relevante sobre a evolução da abordagem comportamental da economia, culminando com o surgimento da própria Neuroeconomia.

A primeira crítica consistente contra a economia ortodoxa foi apresentada em "O Capital" de Karl Marx (1867), através de uma crítica ao capitalismo e ao livre mercado. Mais tarde a defesa da teoria clássica na sua forma mais pura ficou insustentável, por conta de um evento que veio a contribuir de forma definitiva para o surgimento de novas críticas à economia liberal: a *grande depressão* de 1929, representada pelo *crash* da Bolsa de Nova York, sendo a obra de Keynes a mais influente no período da crise, principalmente por contestar a racionalidade dos agentes econômicos e por vir a introduzir — embora mais tarde — o conceito do *espírito animal* como desencadeador das flutuações econômicas. Em 1971, os trabalhos de Daniel

Kahneman (1934–) e Amos Tversky (1937–1996) deram início à Neuroeconomia, rendendo-lhes o Prêmio Nobel de Economia em 2002. O professor de economia da Universidade da Califórnia George Akerlof também recebeu o prêmio Nobel em 2001. Outro pesquisador premiado foi Gary Becker da Universidade de Chicago nomeadamente com o artigo "A abordagem econômica do comportamento humano", de 1976 (Prêmio Nobel de Economia em 1992). Na década de 80, o economista Richard Thaler continuou os estudos de Kahneman e publicou um artigo contendo a essência do que viria a ser a *teoria positiva do consumidor*.

Nos dias atuais os neuroeconomistas estão já bem organizados. Estudos e educação específica sobre o tema estão sendo desenvolvidos em todo o mundo, com destaque para a *Society for Neuroeconomics* que conta com grandes centros de pesquisa (*Duke University, University of London, Harvard*, MIT, entre outras) e para a NMSBA (*Neuromarketing Science & Business Association*) com sede em Amsterdam na Holanda.

Hoje, após a turbulência provocada por uma grande crise financeira e econômica que veio a abalar muitas economias do mundo globalizado, surgem novos focos de insatisfação com as ferramentas tradicionais de análise econômica. Desta vez a economia conta com a colaboração de neurocientistas na busca de resultados próximos da realidade. A Neuroeconomia sai assim de uma situação de marginalidade para colocar-se numa importante posição no cenário econômico.

1.1 A Evolução histórica da Ciência Econômica

A intenção maior da ciência econômica desde sua fundação foi a de analisar como são gerados os preços e as quantidades dos bens produzidos e dos fatores de produção existentes na economia: primeiro os economistas clássicos com o "Laissez Faire" e depois os neoclássicos com a racionalidade dos agentes econômicos, passando por Keynes e o seu *espírito animal*.

O primeiro grande pensador da economia enquanto ciência foi Adam Smith (1723–1790). Frequentou as Universidades de Oxford e Glasgow tendo o seu primeiro livro sido "A Teoria dos Sentimentos Morais". Foi somente em 1776 que Adam Smith publicou o livro que o consagraria e fundaria uma nova ciência para o mundo, "Uma Pesquisa Sobre a Natureza e as Causas das Riquezas das Nações". Desta forma, Adam Smith foi o primeiro a lançar os fundamentos para o campo da teoria econômica, tornando seu estudo compreensível e sistemático.

Para Adam Smith a natureza era o melhor guia do homem, entendendo que a "providência" dispôs as coisas de tal forma que se os homens e as mulheres fossem deixados livres para buscar seus próprios e legítimos interesses, eles agiriam naturalmente favorecendo o melhor para a sociedade. Tenham ou não a intenção, as pessoas se ajudam umas às outras, procurando ajudar-se a si mesmas (veja Eduardo 2009, p. 20). Este é o conceito de *mão invisível* que indica que o homem ajuda a sociedade de forma involuntária ao buscar seus próprios interesses econômicos. E foi com base neste conceito simplista que Smith contestou a interferência dos governos na economia, pois se isto fosse verdade os mercados se autorregulariam.

Porém ao contrário do que pensava Adam Smith, a economia não era tão simples — estática — como parecia ser, já que a *mão invisível* só funcionava como proposta em uma espécie de mundo ideal, sendo que quando este conceito era aplicado ao mundo real, várias imperfeições podiam ser constatadas. Um exemplo disto surge quando a estrutura de um determinado mercado não se configura por meio de uma concorrência perfeita; ou ainda em países em desenvolvimento cuja configuração de mercado é completamente diferente daquela que existia na Inglaterra do tempo de Adam Smith.

Tais abordagens também geraram imperfeições no que diz respeito à questão da análise da geração de valor (será discutido mais à frente), que para os clássicos era algo "substantivo". Vale lembrar que para os clássicos, o valor estava diretamente ligado ao bem em si.

Considerando agora a Escola Neoclássica, refira-se que suas análises se baseavam em aspectos individuais de cada bem e de cada fator de produção. Segundo Luque e Schor (2000, p. 13), "um produto é visto com suas características específicas, ou seja, laranjas distinguem-se na análise dos demais bens, por exemplo, abacates, automóveis etc.". A Escola Neoclássica surgiu na medida em que a teoria clássica demonstrava incapacidade para explicar os problemas econômicos, em especial acerca da questão do valor, pois diferentemente dos clássicos, os neoclássicos consideravam o valor como sendo derivado da relação entre o objeto em si e a pessoa que o deseja.

A economia neoclássica é o que se chama de uma metateoria. Está suportada em um conjunto de regras implícitas ou de entendimentos para a construção de teorias econômicas satisfatórias: pessoas racionais preferem entre resultados; indivíduos maximizam utilidade e firmas maximizam lucros; pessoas agem racionalmente com base em toda a informação relevante. Teorias baseadas ou orientadas por estes pressupostos são teorias neoclássicas (veja Eduardo, 2009, p. 24).

A análise da escola neoclássica caracteriza-se fundamentalmente por ser microeconômica, baseada no comportamento dos indivíduos e nas condições de um equilíbrio estático, estudando os grandes agregados econômicos a partir desse ponto de vista e com uso da matemática (veja Sandroni 2007, p. 309).

A teoria neoclássica se preocupa em analisar o mercado e outras variáveis explicativas dos preços relativos de produtos e serviços, indicando as possibilidades de alocação dos recursos existentes tanto das famílias como das empresas. Propõe, portanto, a busca pela explicação de como é gerado o preço dos produtos finais e dos fatores de produção num equilíbrio, geralmente perfeitamente competitivo.

A evolução ocorrida nos estudos de economia pode ser representada pela figura do *homo economicus* que, em tese, seria a representação do homem — um modelo — que serviria de base para a explicação do momento de sua tomada de decisão em sua vida econômica. Desta forma, a existência ou criação do *homo economicus* foi essencial para a elaboração das explicações decorrentes da óptica neoclássica que era, em síntese, representar quantitativamente as possibilidades de alocação de recursos.

Antes que se conclua acerca das observações sobre a escola neoclássica, torna-se necessário clarificar um pouco mais sobre o individualismo metodológico. Metodologicamente, a análise neoclássica assenta em três grandes princípios. O primeiro consiste em procurar explicação para os fenômenos observados dos próprios indivíduos considerados como átomos da sociedade, idênticos uns aos outros. O segundo princípio indica a racionalidade do homem na tomada de decisão. E o terceiro princípio estabelece que cada indivíduo persegue seu próprio objetivo particular (veja Eduardo, 2009, p. 26).

Por fim, a escola neoclássica veio constituir-se como uma abordagem alternativa à escola clássica, principalmente no que diz respeito às ideias referentes ao valor, em que os clássicos afirmavam resultar do próprio objeto e os neoclássicos, por sua vez, defendiam que o valor era subjetivo e dependente de cada pessoa.

Depois dos neoclássicos, John Maynard Keynes (1883–1946) tendo como pano de fundo a Grande Depressão de 1929, veio contribuir de forma significativa para a análise econômica com criação da abordagem macroeconômica, com a descrição do *espírito animal* presente em cada pessoa, sendo que este fato se estendia à vida econômica de cada indivíduo. Keynes, ao contrário dos seus antecessores clássicos e neoclássicos, não pretendia explicar a economia por meio da teoria do valor, mas sim em verificar por que motivo as análises anteriores levavam a economia a resultados inconsistentes, especialmente no que tange ao equilíbrio defendido pelos neoclássicos.

Para Keynes, a economia não era comandada apenas por agentes racionais que, como se manipulados pela *mão invisível*, participavam de transações exclusivamente em benefício mútuo, como supunham os clássicos. Keynes reconhecia que a maioria das atividades econômicas resulta de motivações racionais — mas também reconhecia que muitas vezes elas são determinadas pelo *espírito animal* (veja Akerlof e Shiller, 2010, p. 01).

Depois de Keynes mais alguns economistas influíram de maneira significativa para uma espécie de refluxo do Keynesianismo para a economia de livre mercado. Vale aqui relembrar alguns nomes importantes. É o caso de Milton Fridman e seu "Capitalismo e Liberdade" (1962) e a sua proposta de desregulamentação da economia; foi seguido por Robert Lucas e sua "teoria sobre as expectativas racionais" (1972); além da inegável influência da eleição que colocou Margareth Thatcher e Ronald Reagan, respectivamente, nos governos da Inglaterra e dos EUA nos anos 80, que contribuíram para a ampla aceitação do livre mercado nas políticas econômicas dos países.

Porém a ciência econômica desde os primórdios nunca foi fundamentada em uma teoria geral que fosse capaz de explicar o desenvolvimento econômico. Estas mudanças de abordagem teórica, representaram o que Eduardo (2009, p. 19) chama de *fuga para a frente*, ou seja, sempre que a situação econômica e social começa a degradar-se a olhos vistos, os economistas fazem emergir novos modelos analíticos. Ele complementa ainda, enfatizando, que a fuga para a frente sempre esteve presente em toda a história da ciência econômica.

Certamente esta é uma discussão demasiadamente interessante embora seja necessário analisar aspectos mais técnicos do que a contextualização histórica da ciência econômica. Considerando os aspectos mais relevantes, pode-se destacar a questão relacionada com o valor dos produtos e serviços.

1.2 Uma questão de valor: Valor-Trabalho, Valor-Utilidade e Valor Biológico

1.2.1 Teoria do Valor-Trabalho

Antes de tudo, deve-se entender a evolução do conceito de valor na economia, a partir da aceitação dos estudos econômicos como uma ciência à parte, devendo-se fazer uma análise desde Smith (1723–1790) até os dias atuais.

Foi, contudo, na Grécia Antiga que se iniciou uma discussão embrionária sobre o valor, especificamente sobre o valor de uso e o valor de troca. Mas foi muito mais tarde com os economistas clássicos, mais especificamente com o economista William Petty (1623–1687), que este debate foi recuperado. Esse economista definiu o trabalho como um fator gerador de valor, e depois, como determinante do valor de troca. Posteriormente com Adam Smith (1723–1790) através de sua Teoria do Valor-Trabalho verificou-se — pelo menos nesta ótica — que o trabalho era a única medida real e definitiva de valor das mercadorias, posteriormente como valor de troca, diferenciando do seu preço nominal em dinheiro (veja Smith, 1996, p. 48 [1776]).

A palavra valor tem dois significados diferentes, sendo que por vezes expressa a utilidade de determinado objeto e, outras vezes, expressa o poder de comprar os bens, conferido pela posse desses objetos. O primeiro pode ser chamado de valor de uso e segundo de valor de troca. As coisas que têm mais valor de uso têm, quase sempre, pouco ou nenhum valor de troca. Nada mais útil do que a água, mas ela compra muito pouca coisa; quase nada pode ser obtido em troca de água. Um diamante, pelo contrário, tem pouco valor de uso, mas pode ser quase sempre trocado por uma grande quantidade de outros bens (veja Hunt, 1981, p. 219).

Depois o também economista clássico David Ricardo (1772–1823) explicou que o valor do trabalho variava com o preço dos artigos necessários à subsistência dos operários, o que era visto nos salários e no valor das mercadorias por eles produzidas.

Segundo Ricardo (1962, p. 272) "possuindo utilidade as mercadorias recebem seu valor de troca de suas fontes: de sua escassez e da quantidade de trabalho necessária para sua obtenção".

Após os economistas clássicos outros vieram a contribuir com a teoria do valor trabalho. Um deles foi William Thompson (1775–1833), que acreditava que a distribuição da riqueza era fator fundamental para a geração de prazer e felicidade. Este nível de prazer e felicidade era função direta do nível de riqueza de uma pessoa. No entanto, ele acreditava também que o valor poderia ser extraído do trabalho, isto é, do valor trabalho.

Em uma situação de troca, ambas as partes querem o que estão conseguindo com mais intensidade do que aquilo de que estão abrindo mão na troca. Portanto, quando só consideramos a troca, a unanimidade e a harmonia prevalecem (veja Hunt, 1981, p. 182). Talvez a diferença mais marcante entre a teoria do "valor trabalho" e a teoria do "valor-utilidade" seja entendida desta maneira. Esta nova abordagem da teoria do "valor trabalho" fora continuada por Hodgskin (1813) que distinguiu o preço natural de preço social. Preço natural ou necessário quer dizer toda a quantidade de trabalho do homem para que ele possa produzir qualquer mercadoria. A natureza nunca exigiu mais do que o trabalho no passado, só exige trabalho no presente e exigirá meramente trabalho no futuro.

Seguindo o curso cronológico da História do valor na economia surgiria, talvez, um dos maiores pensadores da humanidade. Este autor ficou, porém, mais conhecido pelo carácter ideológico de suas ideias acerca do meio de produção comunista: Karl Marx (1818–1883). Este autor contribuiu de forma significativa para a formulação da teoria do valor tal como a conhecemos hoje.

Marx, que veio subverter a teoria do valor, definiu o valor pelo tempo socialmente necessário à produção de uma mercadoria; do estudo da força de trabalho, como uma mercadoria do tipo especial, explicou a teoria da mais-valia (veja Sandroni, 2007, p. 873).

Antes de se analisar a sua contribuição para a teoria do valor é fundamental comentar a sua descoberta de que a produção é uma atividade que pode assumir muitas formas ou modos, dependendo das formas vigentes de organização social e das correspondentes técnicas de produção (veja Hunt, 1981, p. 219).

Com efeito, as qualidades físicas específicas de uma mercadoria geravam utilidade para as pessoas e faziam com que esses bens possuíssem um valor de uso, sendo que isto não tinha qualquer ligação com a quantidade de trabalho incorporada na mercadoria. Mas também estes bens possuíam valor de troca que significava que os bens poderiam ser trocados em maior ou menor quantidade por outras mercadorias. Isto quer dizer que o valor de troca é o meio pelo qual as mercadorias ou bens podem ser comparados quantitativamente. Além disto, todos estes bens tinham que conter valor de uso e tinham de ter sido gerados pelo trabalho do homem.

No entanto, este autor não partilhou da opinião dos seus antecessores sobre a questão do valor de uso como determinante na composição do valor de uma mercadoria, porque as mercadorias geravam diferentes utilidades em cada indivíduo tornando impossível a sua quantificação. Portanto, o único elemento comum a todos os bens e possível de quantificação era o tempo de trabalho socialmente necessário à produção do bem.

1.2.2 Teoria do Valor-Utilidade

Em paralelo com o desenvolvimento do valor trabalho existiam outros autores que primavam pela explicação do valor do bem por meio de sua utilidade. A teoria da utilidade tinha como fundamentos intelectuais:

- ✓ a consciência dessas condições especiais provocadas pelo modo de produção capitalista; e
- ✓ a projeção universal ou generalizada destas condições como características profundas, inalteráveis e naturais de todos os seres humanos em todas as sociedades (veja Hunt, 1981, p. 143).

Passou-se a considerar não mais o sistema econômico como um todo, mas sim, como um conjunto de unidades isoladas, cada qual buscando o seu próprio interesse, que seriam os agentes econômicos dentro deste sistema integrado, aceitando a característica individualista e competitiva dos agentes econômicos, pontualmente dos seres humanos. Formulou-se a ideia de que todos os motivos humanos eram derivados do desejo de adquirir prazer e de evitar a dor. Esta ideia passou a ser conhecida como "utilitarismo".

A teoria do valor-utilidade é derivada de uma perspectiva de harmonia social, ou seja, cada um buscando o seu maior nível de satisfação possível.

A natureza colocou a humanidade sob o domínio de dois mestres soberanos; a dor e o prazer. Só eles podem mostrar o que as pessoas devem fazer, bem como determinar o que e como elas farão. Eles governam as pessoas em tudo o que fazem, em tudo o que dizem e em tudo o que pensam. O princípio da utilidade reconhece esta sujeição e a aceita como fundamento de sua teoria social (veja Bentham, citado por Hunt 1981, p. 144 e Scarone, 2009, p. 12). De uma forma geral, os utilitaristas buscavam ampliação do prazer, quer dizer, quanto mais prazer, mais utilidade (veja Scarone, 2009, p.17).

Mais um ponto importante na formulação da teoria da utilidade era o de que os agentes econômicos apresentavam uma dependência completa do desempenho do mercado. Esta dependência universal do mercado sempre foi a base da harmonia social percebida dos interesses de todas as pessoas, dentro da tradição do valor-utilidade (veja Hunt 1981, p. 145). Entende-se com isto que o valor é explicado pela utilidade do bem. Sendo assim, um bem que não possua utilidade é um bem também que não possuirá valor.

Para os utilitaristas, o valor de uso é a base do valor de troca. A diferenciação dos conceitos vem de Adam Smith que, no entanto, não associou a ela concepções claras. A água foi o exemplo por Adam Smith do tipo de bem que tem grande valor de uso, mas que não tem qualquer valor de troca. Para se perceber como é errada esta afirmativa, de acordo com os utilitaristas, que se lembrasse que em Paris podia-se ver água sendo vendida a varejo pelos que a levavam para as casas (veja Hunt, 1981, p.145).

Adam Smith também deu os diamantes como exemplo do tipo de bem que tem grande valor de troca e nenhum valor de uso. Este exemplo foi tão mal escolhido quanto o outro, de acordo com os utilitaristas.

O valor (de uso) dos diamantes não é essencial ou invariável como o da água, mas isto não é razão para se duvidar da sua utilidade para dar prazer (veja Betham citado por Hunt, 1981, p. 83).

Outra ideia originária da escola "utilitarista" foi a defendida por Say (1767–1832). Afirmava que o preço ou o valor de troca dos bens dependia de seu valor-utilidade. Para Say o valor que a humanidade atribui aos objetos se origina do uso que deles possa fazer. Portanto, passou a se aceitar que os agentes econômicos buscavam a maximização de utilidade. Então os preços refletiam as utilidades que cada agente ou indivíduo extrai do consumo de várias mercadorias e não o trabalho nelas incorporado, como sugeria o economista Nassau William Senior (1790–1864).

A teoria do utilitarismo ganharia uma contribuição importante para se condensar como uma teoria do valor. Esta contribuição veio através do economista e jornalista francês, Claude Frédéric Bastiat (1801–1850) que apresentou a necessidade e a unanimidade do utilitarismo, pois se aceitam as trocas voluntárias como uma das poucas atividades da vida que geram unanimidade social, que permitem as pessoas interagir socialmente. A utilidade fora partilhada em dois tipos com o intuito de indicar a dependência dos preços da utilidade dos bens. Este autor expôs a ideia de que a utilidade gerada pelos bens comuns era uma utilidade gratuita, enquanto a utilidade gerada por bens produzidos pelo homem é onerosa, porque necessita de esforço ou dor humana para sua produção. Para Bastiat a utilidade era gerada pelos serviços. Portanto, o valor das coisas originava-se do serviço.

Depois de Bastiat, John Stuart Mill (1806–1873) aparece para tentar pela última vez unir a teoria do valor trabalho às ideias utilitaristas. Mill rejeitava a ideia da troca como fator fundamental para identificação do valor gerado, pois os prazeres gerados poderiam se classificar em diversos níveis em cada pessoa.

A produção de um bem custa a seu produtor o trabalho empregado em sua produção. Na verdade, à primeira vista, isto parece apenas uma parte das despesas, pois ele não só pagou salários aos trabalhadores como também lhes forneceu instrumentos, materiais e, talvez, prédios. Estes instrumentos, materiais e prédios foram, porém, produzidos pelo trabalho e pelo capital, e seu valor depende do custo da produção que, uma vez mais, pode ser reduzido a trabalho. Portanto, o valor das mercadorias depende da quantidade de trabalho necessária para sua produção. Considerando tal afirmativa, percebia-se que a determinação dos preços então, ficava por conta das forças de mercado, ou seja, era demarcada pela oferta e demanda do bem no mercado (veja Mill, 1985, p. 10).

Para uma enorme contribuição à teoria do valor, mas agora na perspectiva da utilidade, veio o que a literatura econômica chama de "Triunfo do Utilitarismo", com os economistas William Stanley Jevons

(1835–1882), Carl Menger (1840–1921) e Léon Walras (1874). O período de 1840 a 1873 foi um período de crescimento econômico na Europa. A industrialização estava presente em todo o continente, mas principalmente na Inglaterra. Este processo veio atrelado a uma consequência: a concentração do capital de poder industrial e de riqueza.

Neste contexto, os autores ditos "utilitaristas" formularam a versão da teoria do valor-utilidade que permanece até hoje. Eles foram os pioneiros quanto à proposta de uma teoria coerente com a filosofia da teoria utilitarista demarcando a história econômica como o fim do período clássico e o início da escola neoclássica.

Desenvolveram a noção de "utilidade marginal decrescente", independentemente uns dos outros, permitindo identificar como o valor era determinado pela utilidade, através do cálculo diferencial.

A utilidade marginal decrescente funciona de maneira que à medida que um indivíduo consome maior quantidade do mesmo produto, aumenta sua utilidade total. Por seu turno, a utilidade marginal indica a utilidade extra proporcionada por uma última unidade extra de um produto. Então com sucessivas novas unidades do produto, a sua utilidade total irá aumentando em proporção cada vez menor, devido a uma tendência fundamental de tornar-se menos aguda a sua capacidade psicológica de apreciar maior quantidade do produto. À medida que a quantidade consumida do produto aumenta, a utilidade marginal do produto tende a diminuir (veja Samuelson, 1972, p. 639).

É importante salientar que no que diz respeito à utilidade marginal, a sua grandeza dependerá da grandeza da utilidade. Portanto, a utilidade marginal não tem carácter de análise comportamental por si só, revelando somente informações referentes à hierarquização das escolhas sobre as cestas de bens. A utilidade marginal depende da função de utilidade específica que utilizamos para apresentar o ordenamento das preferências, e sua grandeza não tem nenhum significado especial (veja Varian, 2006, p.69).

1.2.3 Teoria do Valor Biológico

O professor da Cátedra "David Dornsife" de Neurociência, Neurologia e Psicologia na *University of Southern California*, o português António Damásio, pode ser considerado o pai da teoria referente ao valor biológico. Os seus estudos geraram bons frutos para a análise relativa ao estudo do valor na ótica da Neuroeconomia.

O confronto iminente entre a teoria econômica convencional e a Neuroeconomia é inevitável. A ortodoxia assente na ideia de um agente econômico consciente de seus atos e senhor de suas decisões é antagônica relativamente à ideia base da Neuroeconomia, a qual aceita que o homem é em parte racional, mas aponta para o fato de que a grande maioria das decisões é tomada de forma automática.

Desta forma a conceituação de valor à luz da Neuroeconomia não pode ser realizada sem o entendimento dos fatores biológicos endógenos ao processo de tomada de decisão.

Entretanto, deveremos, e antes de tudo, conceituar a relação entre consciência e inconsciência no processo de tomada de decisão. Os processos conscientes e inconscientes existem paralelamente. Alguns processos inconscientes são importantes para a sobrevivência e ocorrem sem qualquer participação da consciência.

Graças ao processo evolutivo, o ser humano dispõe de diferentes tipos de cérebro no que se refere à mente e à consciência. Desta forma, a busca constante pela manutenção de parâmetros químicos corporais compatíveis com uma situação de vida saudável é o que de mais importante possui qualquer ser vivo. Neste sentido, o conceito de valor biológico se apresenta de forma essencial para a compreensão da evolução do cérebro humano, do desenvolvimento cerebral e da atividade cerebral em si.

De forma vulgar, a economia tradicional aplica o conceito de preço na vida dos agentes. É bem verdade que o preço de um bem é responsável pelo gerenciamento do desfasamento entre o que está disponível e a sua demanda. O preço submete a ordem da aquisição de bens e serviços, e paralelamente, aplica a restrição orçamentária.

Como no valor-utilidade, alguns bens são mais úteis do que outros. Somente ao se inserir o conceito de necessidade é que se pode explicar a essência do valor biológico, que é a questão do indivíduo que se esforça por manter a vida e as necessidades que derivam desse esforço. Entretanto o motivo que leva as pessoas a atribuir valor a um bem ou serviço passa pela lógica inerente à manutenção da vida e das necessidades que emergem desta lógica. Para a vida econômica isto indica o primeiro passo do entendimento da questão referente ao valor dos bens e serviços (veja Damásio, 2010, p. 69).

A neurociência permite agora revolucionar a questão acerca do valor na economia, basicamente porque ajuda na compreensão do processo de tomada de decisão, aquando da liberação de determinadas substâncias químicas liberadas no cérebro em situações de recompensa e punição, que são diretamente relacionadas com a questão do valor. Além disto, os neurocientistas passaram a dar maior importância ao estudo dos núcleos cerebrais que genericamente são os maiores responsáveis pela tomada de decisão do ser humano.

Mas isso não é tudo. O valor está ligado à necessidade que está ligada por sua vez à manutenção da vida. E mais, a qualidade da vida que se leva é primordial para os seres humanos. Isto acontece, por exemplo, quando se escolhe o destino de férias no verão, o próximo telefone celular da moda, o carro de luxo ou um curso de Doutorado em Miami.

De uma forma geral, o expoente do valor para todos os organismos consiste na sobrevivência saudável até uma idade compatível com a reprodução. A seleção natural aperfeiçoou os mecanismos de homeostase para que essa meta fosse alcançada.

Portanto, a origem do valor biológico é uma derivação dos fatores fisiológicos. Assim, o valor biológico se inclina na direção de uma escala relativa à eficácia vital do estado físico do indivíduo.

Os valores que os seres humanos atribuem aos objetos e às atividades do organismo mantém alguma relação, por mais indireta que ela seja com as seguintes condições. Em primeiro lugar com a manutenção geral do tecido vivo dentro dos limites homeostáticos adequados ao contexto em que ele se encontra; e em segundo lugar, condições necessárias para que a homeostase funcione no setor que permite o bem-estar relativo ao contexto em que o organismo se encontra.

Elementos químicos componentes do cérebro, por exemplo, os neurotransmissores, permitem o acompanhamento inconsciente daquilo que afasta o tecido vivo dos limites homeostáticos, como se fosse uma espécie de sensor no que se refere aos níveis de necessidade interna. Por exemplo, quando os limites homeostáticos são ultrapassados dão-se ações corretivas tomadas pelo organismo, promovendo mecanismos relativos a incentivos e formas de dissuasão de correções, mas isto depende da urgência da resposta. O registro dessas ações ajuda o organismo a prever condições futuras. Daí surge, por exemplo, a experiência de dor e de prazer.

O ser humano tem em sua essência o ímpeto de se movimentar. Essa foi uma das vantagens evolutivas que permitiu ao homem ser o que é hoje. Contudo toda ação requer um incentivo. É por isso que algumas ações são escolhidas em detrimento de outras (veja Damásio, 2010, p. 70).

O incentivo é, portanto, a variável determinante para o valor biológico. Há sensações desencadeadas relativas à dor, prazer etc. Os agentes envolvidos nestes estados ou sensações são os hormônios e os neurotransmissores. No caso dos seres humanos, ocorre a detecção e previsão acerca de possíveis vantagens ou ameaças ao organismo. Por exemplo, quando se tem a expectativa de prazer, o cérebro libera o neurotransmissor *dopamina*. Mas quando se está diante de uma possível ameaça observa-se a liberação de *cortisol*. Em termos de previsão, caso ocorressem dois estímulos seguidos, certamente se criaria a expectativa por um terceiro estímulo.

Os resultados de todo este sistema apontam para:

- ✓ Primeiro, a possibilidade de uma reação diferenciada em cada contexto; e
- ✓ Segundo, a possibilidade de reações otimizadas do organismo.

À medida que os organismos foram evoluindo, os programas subjacentes à homeostase tornaram-se mais complexos, no que se respeita às condições que desencadeavam a sua ação e à gama de resultados. Esses programas mais complexos transformaram-se gradualmente naquilo que agora é conhecido vulgarmente como "drives", motivações e emoções.

O ser humano é detentor de um sistema motivacional avançado e um apurado sentido de exploração e sistemas de alerta sofisticados dirigidos às necessidades futuras, todos eles voltados para um único objetivo, manter o organismo na busca por "bem-estar".

Os sentimentos emocionais são reflexo dos estados corporais alterados pelas emoções. É assim que os sentimentos servem de indicadores para a gestão da vida.

A maioria das atividades reguladoras é decorrente do inconsciente, o que é fundamental para a sobrevivência do organismo. Afinal, seria extremamente complicado se o ser humano pudesse gerenciar por conta própria aspectos endócrinos ou o sistema imunológico.

Não se pode pensar, no entanto, que a consciência seja algo deletério. É importante frisar que foi graças à capacidade de raciocínio do homem que formas de sobrevivência em situações adversas foram possíveis em muitos lugares do planeta Terra e até na Lua. A nova combinação de fatores produtivos de bens e serviços permite à humanidade se adaptar a muitos ambientes possíveis, e assim ela inventa meios materiais de viver em "qualquer lugar" do mundo.

O desenvolvimento da consciência proporcionou ao homem uma regulação vital mais centrada no desenvolvimento de uma mente única em cada pessoa, e voltada não só para a sobrevivência, mas também para o "bem-estar". Assim surgiram aspectos da vida quotidiana das pessoas, como é o caso das trocas econômicas, das crenças religiosas, das convenções sociais, a ética, as leis, a ciência, a tecnologia.

Por fim, o valor biológico é função da ideia de que o cérebro existe para gerir a vida no interior do corpo. Uma análise econômica que se baseia no valor biológico é fundamental para entender o comportamento e para estimular os comportamentos econômicos dos agentes. A existência do valor biológico muda a base do que se conhece em termos de análise econômica. A ciência econômica seguiu um caminho que provavelmente, por vezes, não terá permitido os melhores desenvolvimentos, o que permite que nesta altura dos acontecimentos se possa sair deste caminho e pegar uma nova trilha que poderá permitir à humanidade uma alternativa no seu objetivo de usar de forma sábia os seus recursos.

1.3 Utilidade: Economia tradicional, economia comportamental e Neuroeconomia

Nos primeiros anos de existência da ciência econômica de uma forma geral, a busca pelo entendimento de questões como felicidade, bem-estar e utilidade esteve frequentemente no centro dos debates. Contudo foi-se verificando ao longo do tempo um desinteresse natural de forma que estes estudos acabaram por ser esquecidos. Depois de algum tempo sobrevivendo na inércia, estes estudos voltariam entretanto aos artigos, às discussões acadêmicas, aos fóruns e congressos. Recentemente, graças a uma nova roupagem, com as técnicas de mapeamento cerebral e alguns testes revalidando os antigos testes de utilidade, a Neuroeconomia emergiu e o ressurgimento daquelas questões fez-se com bastante fulgor. Neste ponto veremos um pouco sobre cada tipo de "utilidade", chegando aos principais conceitos e exemplos baseados na Neuroeconomia.

O foco deste tópico se limitará primeiro a uma abordagem econômica, depois psicológica e, por fim, neuroeconômica. A razão para isso não é de difícil explicação. Os economistas deram uma abordagem quantitativa à utilidade que antes era subjetiva e não mensurável. Tratava-se de uma visão mais romântica da utilidade. Estes economistas pretendiam assim abandonar a subjetividade acerca da utilidade e transformá-la passando-a de medida de felicidade para "preferências do consumidor".

Assim, nesta base, comecemos por referir que, a princípio, se deve destacar o conceito de "utilidade ordinal". Neste caso, os esforços se concentravam em saber ou descobrir sobre qual cesta de bens tem mais utilidade em comparação com outra. Portanto, trata-se de um ordenamento das utilidades, daí o nome de "utilidade ordinal".

Para Varian (2006, p. 56) "no início definia-se as preferências em termos de utilidade: dizer que a cesta $X = (x_1, x_2 \ldots x_n)$ era preferida à $Y = (y_1, y_2 \ldots y_n)$ significava que a cesta X tinha uma utilidade maior que a Y". Matematicamente:

$$(x_1, x_2 \ldots x_n) \succ (y_1, y_2 \ldots y_n) \quad (1),$$

se e somente se

$$U(x_1, x_2 \ldots x_n) > U(y_1, y_2 \ldots y_n) \quad (2).$$

Entretanto o que importa de verdade na utilidade é o fato de que as preferências do consumidor contribuem para a análise da escolha, sendo a utilidade somente uma maneira de descrever a preferência.

Também importa referir o conceito de "utilidade cardinal". Este conceito de utilidade sugere que existe uma importância relativa à diferença de valor entre a utilidade dos bens. Segundo Varian (2006, p. 59), "várias definições poderiam ser propostas para esse tipo de atribuição: gosto de uma cesta duas vezes mais que de outra se eu estiver disposto a pagar por ela duas vezes o que estou disposto a pagar pela outra".

Um bom exemplo acerca da construção de uma função de utilidade através da resolução de um problema econômico pode ser observado em Ferreira e Andrade (2011).

Considere-se um Universo com n mercadorias $x_1, x_2, \ldots, x_n$ e um consumidor individual com Y de renda. Suponha-se que esse consumidor procura maximizar a função de utilidade

$$U = U(x_1, x_2, \ldots, x_n) \quad (3),$$

sujeita a uma restrição orçamental.

A formulação matemática do problema é, evidentemente,

$$Max.U(x_1, x_2, \ldots, x_n)$$
$$s.a : x_1 P_{x_1} + x_2 P_{x_2} + \ldots + x_n P_{x_n} = Y \quad (4),$$

sendo P_{x_i} o preço do bem $i, i = 1, 2, \ldots, n$.

É um problema de otimização condicionada. O método de multiplicadores de Lagrange pode ser aplicado na sua solução (por exemplo, veja Ferreira e Amaral, 2002). A função de Lagrange é:

$$L(x_1, x_2, \ldots, x_n, \lambda) = U(x_1, x_2, \ldots, x_n) + \lambda \left(Y - x_1 P_{x_1} - x_2 P_{x_2} - \ldots - x_n P_{x_n} \right) \quad (5).$$

As condições de primeira ordem são:

$$\frac{\partial U}{\partial x_1} - \lambda P_{x_1} = 0$$
$$\frac{\partial U}{\partial x_2} - \lambda P_{x_2} = 0 \quad (6).$$
$$\vdots$$
$$\frac{\partial U}{\partial x_n} - \lambda P_{x_n} = 0$$
$$x_1 P_{x_1} + x_2 P_{x_2} + \ldots + x_n P_{x_n} = Y. \quad (7).$$

Utilizando a primeira e as últimas condições obtém-se, para $x_i \neq 0$,

$$\frac{\partial U}{\partial x_1} - \lambda \left(\frac{Y}{x_1} - \frac{x_2}{x_1} P_{x_2} - \ldots - \frac{x_n}{x_1} P_{x_n} \right) = 0 \qquad (8).$$

Ou

$$x_1 \frac{\partial U}{\partial x_1} + \lambda x_2 P_{x_2} + \ldots + \lambda x_n P_{x_n} = \lambda Y \qquad (9).$$

Como $\lambda P_{x_i} = \frac{\partial U}{\partial x_i}, i = 1, 2, \ldots, n$, a equação anterior fica como segue,

$$x_1 \frac{\partial U}{\partial x_1} + x_2 \frac{\partial U}{\partial x_2} + \ldots + x_n \frac{\partial U}{\partial x_n} = \lambda Y \qquad (10).$$

E observando que

$$\lambda = \frac{1}{P_{x_1}} \frac{\partial U}{\partial x_1} \qquad (11),$$

ela assume a forma

$$\left(x_1 - \frac{Y}{P_{x_1}}\right)\frac{\partial U}{\partial x_1} + x_2 \frac{\partial U}{\partial x_2} + \ldots + x_n \frac{\partial U}{\partial x_n} = 0 \qquad (12).$$

É uma equação de primeira ordem homogênea às derivadas parciais (Veja Ferreira e Amaral, 2002). Resolvendo-a temos,

$$U(x_1, x_2, \ldots, x_n) = F\left(\frac{Y}{P_{x_1} + P_{x_2} + \ldots + P_{x_n}}\right) \qquad (13).$$

Note-se que:

$F(.)$ é qualquer função diferenciável;
$Y = x_1 P_{x_1} + x_2 P_{x_2} + \ldots + x_n P_{x_n}$ é o rendimento.

É fácil de ver que (13) é uma solução de (12), substituindo diretamente.

A expressão (13) evidencia a dependência funcional da utilidade de todos os bens e da renda.

Uma concretização particular de (13) pode ser dada por

$$U(x_1, x_2, \ldots, x_n) = \alpha^{\frac{Y}{P_{x_1} + P_{x_2} + \ldots + P_{x_n}}} \qquad (14),$$

onde $U(1,1,\ldots,1) = \alpha$. Isto é, α é uma utilidade padrão: o valor da utilidade quando são utilizadas quantidades unitárias de cada bem.

Outro exemplo é

$$U(x_1, x_2, \ldots, x_n) = \beta \frac{Y}{P_{x_1} + P_{x_2} + \ldots + P_{x_n}} \qquad (15),$$

sendo agora β a utilidade padrão.

E, por fim, como último exemplo, temos

$$U(x_1, x_2, \ldots, x_n) = \gamma \ln \frac{Y}{P_{x_1} + P_{x_2} + \ldots + P_{x_n}} \qquad (16),$$

sendo $U(1,1,\ldots,1) = 0$ e $U(e,e,\ldots,e) = \gamma$.

Recorrendo por sua vez ao conceito de "utilidade marginal", podemos ver a particular importância deste conceito. Esta utilidade marginal é em suma o consumo de uma última unidade de um bem, pelo que podemos fazer alusão ao conceito de saturação. Quer dizer, um agente consome até o ponto em que o consumo não traz mais utilidade para ele. Então a partir deste ponto cada incremento adicional de uma unidade não traz mais utilidade. O conceito de "utilidade marginal" aponta para utilidade extra gerada por uma última unidade de um produto.

A utilidade é, portanto, uma ferramenta quantitativa que os economistas criaram para sanar problemas relativos à subjetividade inerente a este conceito. Contudo veremos que este conceito recebeu algumas alterações com a economia comportamental e depois dos novos desenvolvimentos da Neuroeconomia.

Novos desenvolvimentos mostram como a ciência da escolha vinha se confrontando com a teoria da utilidade para representar melhor a forma como as pessoas tomam suas decisões. Se no caso da utilidade as preferências indicavam uma preexistência de uma opção de escolha, numa nova abordagem, ao fazer uma escolha, o indivíduo estará assim criando a sua preferência.

Parece provável que o modelo psicológico possa oferecer uma melhor descrição do que realmente acontece. Todavia, os dois pontos de vista não são inteiramente incompatíveis. Uma vez descobertas, ainda que por um processo "misterioso", as preferências tendem a se tornar embutidas nas escolhas (veja Varian, 2009, p 591).

Desta forma podemos dividir em duas partes o processo de criação das preferências: primeiro ocorre um processo cerebral que faz com que tomemos uma decisão de consumo, esta decisão de consumo irá refletir daqui para a frente a nossa preferência. Em um segundo momento, a preferência determinada recai sobre os pressupostos originais da utilidade.

Entretanto esta é uma conclusão que parte dos pressupostos da economia comportamental baseada na psicologia. Hoje com as modernas técnicas de mapeamento do cérebro por imagem, podemos ver o processo de escolha em desenvolvimento aquando da escolha de consumo. O que se pode desde já adiantar é que várias variáveis desencadeiam este processo.

Baseados nestes pressupostos Daniel Kahneman e Amos Tversky deram início a uma reformulação teórica no artigo intitulado *Prospect Theory: An analysis of decision under Risk*. Neste artigo Kahneman e Tversky desenvolveram um modelo próximo ao da utilidade. O objetivo era o de refutar ou encontrar falhas no modelo de utilidade existente (veja Kahneman, 2012, p. 338). Estes autores deram ênfase às questões relativas ao risco inerente a qualquer tomada de decisão, em especial na questão do estudo de tomada de decisão em contexto de incerteza. Para estes autores os economistas adotaram a teoria da utilidade esperada (veja Marqués, 2009, p. 182) como um modelo ideal de tomada de decisão aquando da análise baseada no *homo economicus*.

Para reivindicar os méritos substanciais da teoria da utilidade, Kahneman e Tversky introduziram a "Teoria da Perspectiva". Para ilustrar a problemática acerca da utilidade esperada, vejamos o seguinte exemplo apresentado por Kahneman (2012, p. 342):

- ✓ Hoje Jack e Jill têm cada um uma riqueza de 5 milhões.
- ✓ Ontem, Jack tinha um milhão e Jill 9 milhões.
- ✓ Ambos estão igualmente felizes? (eles têm a mesma utilidade?)

Este exemplo ilustra bem o problema inerente à teoria da utilidade esperada. Segundo esta teoria ambos deveriam estar felizes, pois a utilidade da riqueza seria a mesma. Porém o cérebro humano não funciona desta maneira. Portanto, a insatisfação de Jill é real por ter a sensação de perda. Desta forma, presume-se que, ao contrário do que a teoria da utilidade esperada refere, o ponto inicial ou ponto de referência deve ser considerado para análise.

Na teoria da utilidade, a utilidade de um ganho é aferida comparando-se as utilidades de dois estados de riqueza. Desta forma Kahneman argumenta que existem alguns pontos que enfatizam as fraquezas da utilidade esperada:

- ✓ A teoria é simples demais e carece de uma parte móvel.
- ✓ A variável que está faltando é o "ponto de referência".
- ✓ Nesta teoria precisa-se apenas conhecer o estado de riqueza para determinar a utilidade.
- ✓ A teoria da perspectiva é mais complexa e, portanto, melhor do que a teoria da utilidade.

Desta forma, a teoria da utilidade foi refutada de forma categórica, beneficiando a adoção de outra teoria — a da perspectiva. A teoria da perspectiva é de cunho psicológico, analisa os resultados finais das interações econômicas. Segundo os seus próprios criadores, as interações econômicas desempenham um papel essencial na avaliação dos resultados financeiros e são comuns a diversos processos automáticos de percepção, juízo e emoção. Elas devem ser vistas como características operantes do sistema automático: a avaliação é relativa a um ponto de referência neutro, ao qual às vezes nos referimos como "nível de adaptação"; apresenta-se um princípio de sensibilidade decrescente que se aplica tanto a dimensões sensoriais quanto à avaliação de mudanças de riqueza; e apresenta-se o princípio de aversão à perda (veja Kahneman, 2012, p. 351).

Todavia apesar de ser considerada uma melhor alternativa à teoria da utilidade, a teoria da perspectiva não reflete todas as possibilidades que a neurociência propicia aos tomadores de decisões. Isto sugere que o modelo pode ser melhorado por meio das interações econômicas como propõe a teoria, mas também com o incremento de estudos dos processos cerebrais que sustentam as decisões.

Nos estudos de Neuroeconomia, práticas com voluntários em jogos decisionais apontam para a importância do sistema dopaminérgico (sistema envolvido na geração de prazer) para a formação das preferências derivadas do funcionamento do sistema de recompensa cerebral. No cérebro, a região onde é produzida em grande quantidade a dopamina é o *Núcleo Accumbens*. Trata-se de um local importante para a regulação da emoção e da motivação, sendo um local de convergência de fibras procedentes da amígdala, do hipocampo e dos lobos temporais, emitindo projeções para regiões como o córtex cingulado, lobos frontais e hipotálamo (veja Rodrigues et al., 2011, p. 179).

No modelo de utilidade marginal, o sistema de recompensa cerebral atua com o processo de saturação. Porém, estudos apontam para os seguintes fatos acerca da liberação de dopamina em uma situação de consumo:

- ✓ Os agentes reagem a estímulos sensoriais.
- ✓ Memórias ou imaginações liberam dopamina, assim como o próprio consumo em si.
- ✓ Quanto mais o consumidor é estimulado, mais esforço futuro é necessário para fazer com que ele libere a mesma quantidade de dopamina da próxima vez.

Desta forma, tem-se a utilidade que o consumo de um determinado bem pode proporcionar mesmo que esse bem não tenha sido consumido de fato. Isto muda tudo em relação ao conceito de utilidade, em todos os aspectos. Mesmo que o princípio psicológico seja considerado, ele não pode prever qualitativamente os aspectos endógenos aos sistemas de recompensa cerebral que um produto desperta no cérebro de um consumidor.

Portanto, podemos concluir que a questão da utilidade se encontra prostrada diante de um novo paradigma: até que ponto se pode generalizar o aspecto individual da formação dos circuitos cerebrais envolvidos na liberação de dopamina? Em termos neuroeconômicos, ela nunca foi tão relevante para a tomada de decisão.

1.4 A tomada de decisão: Teoria das decisões

Um indivíduo toma decisões em praticamente todas as interações com o ambiente externo. Isso acontece na hora de comprar um automóvel, de cortar o cabelo, de escolher um sabor de sorvete, de escolher um caminho para o trabalho, entre tantos outros momentos da vida. A ciência procura dar suporte ao homem no processo de decisão em muitos dos casos descritos. A ciência econômica atende a necessidade de fundamentar as decisões dos agentes econômicos nos momentos que dizem respeito às decisões que envolvem a utilização de recursos.

Assim é necessário entender os aspectos mais específicos acerca da tomada de decisão e da forma como ela se desenvolveu na literatura ao longo dos anos.

Em todo o processo de desenvolvimento de recursos ou teorias para se trabalhar a tomada de decisão de forma eficaz, quer dizer, encontrar caminhos que pudessem gerar mais riqueza, mais-valia, utilidade ou bem-estar, podemos considerar algumas das óticas econômicas. Tem-se procurado soluções ótimas em termos quantitativos, exceto antes do surgimento da ciência econômica. Entretanto não se pode esquecer os filósofos de outrora que foram o embrião da cultura ocidental como a conhecemos. Não falaremos dessa inteligência filosófica, mas apenas da abordagem que os economistas lhe deram após o advento da ciência econômica.

Neste sentido, a "teoria das decisões" constitui uma teoria lógica para se chegar ao complexo processo de tomada de decisão que pode ser lido hoje a partir do incremento das análises econômicas com disciplinas das áreas biológicas.

No dicionário de economia, pode-se encontrar a seguinte definição de "teoria das decisões": teoria relacionada com a tomada de decisões que permitem a escolha do caminho mais apropriado para atingir um objetivo num ambiente de incerteza e sob determinadas circunstâncias (veja Sandroni, 2007, p. 831).

Na busca pela otimização de resultados acerca da tomada de decisão, podemos destacar a "Teoria dos Jogos" que permitiu avançar no seu estudo, a qual se constitui como uma teoria que busca dar sentido acrescido à análise das decisões utilizando para o efeito modelos matemáticos.

A "Teoria dos Jogos" é um ramo da matemática que se baseia em decisões racionais (veja Janos, 2009, p. 390). Para Varian (2006, p. 543) "a teoria dos jogos lida com a análise geral da interação estratégica". A Teoria dos Jogos constitui-se como uma ciência da estratégia, tendo nascido nessa base pelas "mãos" de John Von Neumann (1903–1957) e de Oskar Morgenstern (1902–1977) e tendo permitido a John Nash (1928–2015) ganhar o Prêmio Nobel em 1994 e a Aumann (1930–) e Schelling (1921–) ganhar o Prêmio em 2005. A obra destes autores introduziu a ideia de que o conflito podia ser analisado matematicamente e introduziu a metodologia para o fazer (veja Filipe et al., 2007, p. 134).

No início da década de 50 a teoria dos jogos chamou a atenção da comunidade científica, em especial com os estudos de John Nash. Foi neste período que a teoria dos jogos ganhou notoriedade. Porém, na década de 70 a teoria dos jogos passou a ser utilizada em larga escala em pesquisas de economia. Isto rendeu mais fama ainda à teoria dos jogos que a partir de então passou a ser uma das mais importantes ferramentas para fazer análises econômicas.

Segundo Filipe et al. (2006, p. 138) "com base nas hipóteses do modelo, estuda-se o que acontece quando atores maximizam a sua utilidade tendo em conta as restrições existentes relativas à informação, às dotações e às funções de produção".

Mas o que é um "jogo"? Um jogo é uma situação na qual dois ou mais participantes, os jogadores, se confrontaram em busca de atingir certos objetivos, os quais são conflitantes. Sendo conflitantes é óbvio que os objetivos de todos os jogadores não podem ser simultaneamente alcançados. Alguns jogadores, portanto, podem ganhar e obter um pagamento positivo, ao passo que outros podem perder e obter um pagamento negativo (veja Chiang, 1982, p. 646).

O jogo sob o qual se desenvolveu a teoria dos jogos é o jogo de estratégia. Um jogo de estratégia é um jogo onde o resultado depende do jogador. Podemos dar alguns exemplos onde se pode encontrar jogos de estratégia, como é o caso de situações de negociação, jogos que ocorrem na política, na economia, por exemplo. Este estudo trata de economia, mas ao longo deste tópico não descuraremos alguns exemplos específicos de outras áreas do conhecimento.

Acerca do tipo de jogo, pode destacar-se os jogos de soma constante (que podem ser mais particularmente jogos de "soma zero" ou transformados em jogos de soma zero, em que o vencedor leva tudo, e necessariamente um perde e o outro ganha) e os jogos de soma não constante (veja Chiang, 1982, p. 647). Vejamos um exemplo de um jogo constante (o caso específico de um jogo transformado em jogo de "soma zero"):

Peguemos o exemplo de uma loja de roupas em um shopping e suponhamos que duas lojas possuam as matrizes de pagamento A e B em (17) e (18). Tal como se apresentam, os elementos em A e B representam vendas. Considerando uma divisão de vendas $(R\$50, R\$50)$ pode-se representar os resultados em termos de ganhos em vendas. Nesse caso específico, diminuindo as vendas originais (50) de cada elemento, obtemos duas novas matrizes de pagamento, A^* (19) e B^* (20).

$$A = \begin{bmatrix} a_{11} & a_{12} & a_{13} \\ a_{21} & a_{22} & a_{23} \end{bmatrix} = \begin{bmatrix} 30 & 60 & 50 \\ 50 & 40 & 70 \end{bmatrix} \qquad (17).$$

$$B = \begin{bmatrix} (100-30) & (100-60) & (100-50) \\ (100-50) & (100-40) & (100-70) \end{bmatrix} = \begin{bmatrix} 70 & 40 & 50 \\ 50 & 60 & 30 \end{bmatrix} \qquad (18).$$

$$A^* = \begin{bmatrix} -20 & 10 & 0 \\ 0 & -10 & 20 \end{bmatrix} \qquad (19)$$

$$B^* = \begin{bmatrix} 20 & -10 & 0 \\ 0 & 10 & -20 \end{bmatrix} \qquad (20),$$

já que agora temos

$$a_{ij}^* + b_{ij}^* = 0 \quad , \textit{ para todo o } i \textit{ e } j \quad (21).$$

A soma de A^* e de B^* é uma matriz nula 2×3. Portanto, a versão modificada do jogo é de soma zero. Este tipo de transformação altera os números nas matrizes de pagamentos, mas não afeta a estrutura fundamental do jogo. Se uma estratégia particular pode maximizar o nível absoluto de vendas de uma empresa, ela deve necessariamente ser a estratégia que maximiza o ganho nas vendas a partir de qualquer nível inicial de vendas. Também, obviamente, a pior estratégia permanecerá sendo a pior estratégia. Em termos matemáticos, a transformação só muda a origem do sistema de medidas.

Esta operação deriva de um teorema pelo qual as estratégias ótimas não variam com respeito à seguinte transformação da matriz de pagamentos:

$$A = \begin{bmatrix} a_{11} & a_{12} \\ a_{21} & a_{22} \end{bmatrix} \quad A^* = \begin{bmatrix} ka_{11}+c & ka_{12}+c \\ ka_{21}+c & ka_{22}+c \end{bmatrix} \quad (22),$$

onde k e c são duas constantes. Este teorema da transformação não somente justifica a tradução que foi feita de um jogo de soma constante em um de soma zero em (19) e (20), como também torna possível reagrupar qualquer matriz de pagamentos que contenha frações ou números negativos (veja Chiang, 1982, 649).

Contradição entre ação individual e resultado coletivo — essa situação mostra de que maneira a ação mais racional do ponto de vista microeconômico pode resultar na pior solução macroeconômica. Por exemplo, no "dilema do prisioneiro", dois comparsas são detidos por suspeita de terem cometido um crime. Os comparsas são colocados em celas diferentes onde serão interrogados. As opções de resultados são as seguintes:

	Jogador B	
	Confessa	Nega
Jogador A Confessa	-3,-3	0,-6
Jogador A Nega	-6,0	-1,-1

Fonte: Chavaglia (2012)

Figura 1: Dilema do Prisioneiro

Na matriz está representada a utilidade durante os períodos (meses). Considerando as utilidades apresentadas a melhor opção para ambos (equilíbrio de Nash) seria Jogador A confessar e Jogador B também confessar (-3, -3). Entretanto, se considerarmos que existe uma situação ideal, o melhor seria (resultado da cooperação) Jogador A negar e Jogador B negar (-1, -1). Entretanto os jogadores estão separados e não podem combinar suas ações. Se se pensar pela perspectiva do interesse ótimo do conjunto dos dois prisioneiros, o resultado correto seria que ambos cooperassem, já que isto reduziria o tempo de pena dos dois prisioneiros a um mês cada. Qualquer outra decisão será pior para ambos se se considerar conjuntamente. Apesar disso, se persistir o seu próprio interesse egoísta, cada um dos dois prisioneiros poderá ver o resultado da pena agravado.

A teoria dos jogos foi de factível importância para o estudo da tomada de decisão e continua sendo. Permitiu a geração de uma luz acerca das melhores escolhas que os agentes podem fazer. Esta teoria tem tido grande aplicabilidade prática nos ramos da computação, militar, econômica, política, pessoal, entre outras. Entretanto a ciência tende a dar passos em direção a mudanças. A teoria dos jogos vai continuar tendo enorme importância para a tomada de decisão, mas novos estudos apontam para novas possibilidades acerca da tomada de decisão, que vêm presumindo que na maioria das vezes as pessoas são irracionais e que elas não têm conhecimento suficiente dos assuntos sobre os quais tomam decisões.

A Teoria dos Jogos analisa o que os agentes deveriam fazer para otimizar seus resultados. Portanto, consiste em uma teoria racional. Julga os eventos com base nos pressupostos de maximização de ganhos e minimização de perdas. Mas, como sabemos, em decorrência de experimentos da economia comportamental, as pessoas não são nada boas a identificar comportamentos randômicos e são susceptíveis aos eventos emocionais[1], que de fato as distanciam de resultados ótimos.

1.5 Homo Economicus versus Homo Neuroeconomicus

No decorrer da existência da economia enquanto ciência, os modelos analíticos foram baseados em um ser representativo do comportamento das pessoas no mundo econômico. Da parte dos economistas ortodoxos inventou-se o *homo economicus*. Entretanto nos dias atuais a Neuroeconomia apresenta ao mundo o *homo neuroeconomicus*.

Por um lado tem-se o *homo economicus* que é um ser advindo da capacidade do homem em tomar decisões econômicas baseados na racionalidade; em outros termos, o homem que sempre maximizará ganhos e minimizará perdas.

---

[1] Veja o capítulo 4, tópico 4.4, "Interação entre estratégia e normas sociais".

Por outro lado tem-se o *homo neuroeconomicus,* ser baseado na capacidade limitada dos indivíduos em tomar decisões econômicas que venham a otimizar os resultados para si. Este modelo indica que as pessoas na maioria das vezes tomam decisões com base em informações incompletas, o que gera um viés cognitivo impedindo que as pessoas — como sugere a ideia de *homo economicus* — tomem decisões que otimizem os resultados. Muito pelo contrário, a proposta do *homo neuroeconomicus* indica que as emoções e outros sentimentos invadem a vida econômica assim como na vida pessoal, e que estas emoções e sentimentos diversos influem de maneira significativa na tomada de decisão.

HOMO ECONOMICUS	HOMO NEUROECONOMICUS
Maximiza lucros e minimiza perdas	Homem sente medo, raiva, alegria, surpresa, nojo e atua por impulso
Memória implacável	Esquece fatos com facilidade e na maioria das vezes repete seus erros
Capacidade de raciocínio formidável	Está sujeito ao viés cognitivo
Dinheiro em primeiro lugar	O "eu" biológico em primeiro lugar
Racionalidade preservada	Racionalidade limitada

Fonte: Chavaglia (2012)

Figura 2: Homo economicus versus Homo neuroeconomicus

Aliado ao fator emocional, outro fator que diferencia o *homo economicus* do *homo neuroeconomicus* é a capacidade do cérebro em processar as informações recebidas pela visão, ou seja, a percepção também é parte do viés decisional gerado na hora da decisão referente à ótica econômica. Em síntese, o cérebro é preguiçoso ao interpretar informações repetidas. Portanto, a cada acréscimo daquela mesma informação, menos energia o cérebro utilizará para tentar entender tal informação. Desta forma a maneira como o indivíduo aprendeu a interpretar as coisas do meio em que vive é fundamental para a tomada de decisão. Isto fica evidente quando se analisa vários momentos em que as pessoas deixam de ganhar na vida econômica em razão de uma atitude deletéria relativa à otimização de seus resultados. Resumindo, alguns efeitos afetam a forma como as pessoas interagem com as outras nos momentos de decisão. Isto gera alguns efeitos, por exemplo, de contexto, ancoragem, equidade, confiança ou desconfiança, força do carácter, ilusões etc.

Talvez a maior crítica feita ao *homo economicus* seja a incapacidade, apesar de muito elegante, de explicar como os agentes econômicos realmente agem nos mercados. E a principal crítica ao *homo neuroeconomicus* é o fato de ser um conceito novo, precisando, portanto, passar por vários testes para que seja amplamente aceito nas atividades econômicas e acadêmicas. Isto somente acontecerá com a utilização deste conceito ao longo do tempo.

Por fim, o que se pode evidenciar diante da existência destes dois seres representativos de duas ideias bastante distintas acerca dos indivíduos é o processo de tomada de decisão. É que basicamente um representa a modelação do homem como ele deveria agir em momentos econômicos e o outro representa o homem como ele realmente é nestas situações.

Capítulo 2
Conhecendo a Neurociência

2.1 Algumas considerações gerais

Desde há muito tempo que a comunidade científica "sonha" desvendar os mistérios relativos ao comportamento humano e os processos cerebrais que o regem. Se antes isto parecia uma tarefa difícil, agora este desejo parece estar ao alcance dos cientistas que estudam o cérebro. Existe, também, um interesse muito particular pelos novos termos, como é o caso do termo "neurotransmissor", "cérebro reptiliano", "sistema dopaminérgico", "neurônios", enfim, todo um universo novo que se abre diante de muitas possibilidades analíticas.

Para a Neuroeconomia, em especial para os economistas que estão migrando para a Neuroeconomia, é importante ter o conhecimento básico acerca dos principais pontos referentes à neurociência para o acompanhamento de publicações, eventos e realização de pesquisas nesta área.

Poder-se-á dizer que estudar o mundo novo da neurociência poderá, talvez abusivamente, ser comparado ao momento histórico das grandes navegações em que o risco pode ser elevado, mas os ganhos para aqueles que tiverem coragem de enfrentar os desafios poderão ser imensuráveis.

Mas afinal, o que é a Neurociência? A Neurociência é a ciência que estuda o cérebro e tem a tarefa de fornecer explicações do comportamento em termos da atividade cerebral, de explicar como milhões de células neurais individuais, no cérebro, atuam para produzir o comportamento (veja Araújo, 2012, p. 2). Considerando que — conhecidos os processos cerebrais — será possível atuar sobre o cérebro, poderemos considerar a referência atribuída a Freud de que, efetivamente, conhecendo os processos cerebrais, ciências como a Psicanálise poderão deixar de ser necessárias, perdendo a sua utilidade. Ou seja, o estudo do cérebro pelas novas vias seria, com certeza, mais profícuo em encontrar as soluções convenientes.

Tem-se conhecimento de que alguns médicos realizavam um tipo de cirurgia no cérebro há milhares de anos. Os nossos ancestrais (há 4.000 a.C.) já se arriscavam a realizar esta que é uma das formas mais antigas de cirurgia cerebral, a trepanação.

A técnica de trepanação consistia em perfurar à mão um buraco de 2,5 cm a 3,5 cm de diâmetro no crânio de um homem vivo, sem anestesia ou assepsia, por 30 a 60 minutos. A trepanação foi realizada ao longo de praticamente todas as eras. Escritos dos primeiros cientistas do Egito Antigo indicam que eles estavam cientes de vários sintomas de danos no cérebro. Dentro da medicina moderna, a trepanação consiste na abertura de um ou mais buracos no crânio, através de uma broca neurocirúrgica (veja Barros, 2012, p. 03).

No que diz respeito ao comportamento em si, os estudiosos antigos diziam que o coração, e não o cérebro, era a "sede da alma e um repositório das memórias". Esta ótica do coração como sede da produção do pensamento permanece praticamente inalterada até os tempos do filósofo Hipócrates. Os gregos, no século IV a.C., chegaram à conclusão de que o cérebro é o órgão responsável pela sensação. A escola mais influente era a de Hipócrates (460–379 a.C.), pai da medicina ocidental, que foi quem estabeleceu a crença de que o cérebro não apenas estaria envolvido com as sensações, mas também seria o local onde a inteligência assentaria. Porém, esta ótica, não era amplamente aceita. O filósofo Aristóteles (384–322 a.C.) acreditava que o coração seria o centro da inteligência e que o cérebro seria apenas um radiador para esfriar o sangue sobreaquecido pelo coração. O temperamento racional era então explicado pela capacidade de resfriamento do cérebro[1].

O "neurocientista" de destaque foi Galeno (130–200 d.C.) que se baseou na visão de Hipócrates aquando do funcionamento do cérebro. Além de observar o sistema nervoso de cadáveres de gladiadores do Império Romano, Galeno se utilizava de dissecação de animais para tirar suas conclusões. Destes estudos, ele concluiu que duas partes que mais lhe chamaram a atenção seriam o cérebro e o cerebelo. Segundo Galeno, o cérebro é mais suave ao tato e o cerebelo é mais duro. Dessas observações Galeno sugeriu que o cérebro fosse o recipiente das sensações e o cerebelo deveria comandar os músculos (veja Araújo, 2012, p. 2).

Um dos defensores da visão funcional do cérebro baseado nos fluidos foi o matemático e filósofo francês René Descartes (1596–1650). Embora ele acreditasse que o cérebro e o comportamento pudessem ser explicados por essa teoria, para Descartes era inconcebível que apenas isso fosse capaz de explicar a essência do comportamento dos homens. Ele argumentava que Deus concebia o intelecto e uma alma para cada humano, e por isso éramos diferentes dos demais animais. Durante o século XVIII a ciência do cérebro recebeu muitas contribuições relevantes. Benjamin Franklin (1706–1790) publicou o panfleto intitulado *Experiments and Observations on Electricity* que introduziu uma nova compreensão do fenômeno elétrico. Na virada do século. O cientista italiano Luigi Galvani (1737–1798) e depois o biólogo alemão Emil du Bois-

---

[1] Para informações complementares, veja Araújo (2012, p. 05).

-Reymond (1818–1896) mostrariam que os músculos se contraem aquando de estímulos elétricos, e que o cérebro tem a "incrível" capacidade de produzir eletricidade. Essas descobertas finalmente acabaram com a ideia de que os nervos comunicavam-se com o cérebro através do movimento de fluidos (veja Araújo, 2012, p. 05).

Para clarificar sobre a Neurociência e o comportamento, Araújo (2012, p. 05) realçou os principais acontecimentos endógenos ao desenvolvimento desta disciplina:

- ✓ Antes da invenção do microscópio composto, no século XVIII, o tecido neural era considerado como tendo função glandular — ideia que pode ser rastreada até a Antiguidade; também a proposta de Galeno de que os nervos seriam condutores que levariam os fluidos secretados pelo cérebro e medula espinhal para a periferia do corpo era aceita.

- ✓ Apenas no final do século XIX, com os estudos do médico italiano, Camillo Golgi (1843–1926), e do histologista espanhol Santiago Ramón y Cajal (1852–1934), a estrutura das células neurais foi descrita em detalhe.

- ✓ No final do século XVIII, o médico e físico italiano, Luigi Galvani (1737–1798), descobriu que as células excitáveis, musculares e neurais, enquanto vivas, produziam eletricidade. No século XIX, Emil du Bois-Reymond (1818–1896), Johannes Müller (1801–1958) e Hermann Von Helmholtz (1821–1894) foram capazes de mostrar que a atividade elétrica em uma célula neural afeta a atividade das células adjacentes de forma previsível.

- ✓ No final do século XIX, Claude Bernard, (1813–1878) na França, Paul Ehrlich (1854–1915), na Alemanha e John Langley (1852–1925), na Inglaterra, demonstraram que substâncias químicas interagem com receptores específicos nas células. Essa descoberta tornou-se a base do estudo sobre a natureza química da comunicação entre as células neurais.

- ✓ Os estudos de Charles Darwin (1809-1882) sobre a evolução formaram o palco para a observação sistemática da ação e do comportamento. Esse novo enfoque originou a psicologia experimental, o estudo do comportamento humano sob condições controladas.

- ✓ No final do século XVIII, o médico e neurologista Franz Joseph Gall (1758-1828) propôs que regiões distintas do córtex cerebral controlariam funções distintas.

- ✓ Nos últimos anos da década de 1820, Pierre Flourens (1794-1867), na França, tentou isolar as contribuições de diferentes partes do sistema nervoso para o comportamento, pela remoção (em animais) dos centros funcionais identificados por Franz Joseph Gall. Flourens concluiu que regiões cerebrais específicas não são as únicas responsáveis por comportamentos específicos, mas que todas as regiões cerebrais participam para cada função mental. A hipótese do campo agregado prevaleceu até metade do século XIX, quando foi seriamente questionada pelo neurologista britânico J. Hughlings Jackson (1835-1911). Em seus estudos clínicos sobre a epilepsia focal, doença caracterizada por convulsões que começam em uma parte do corpo, Jackson mostrou que processos sensoriais e motores distintos ficavam localizados em diferentes regiões do córtex cerebral.

- ✓ Esses estudos foram desenvolvidos sistematicamente no final do século XIX e início do século XX pelo neurologista alemão Karl Wernicke (1848-1905), pelo fisiologista inglês Charles Sherrington (1857-1952), e por Ramón y Cajal, na chamada hipótese da conexidade celular. Segundo ela, os neurônios individuais são as unidades sinalizadoras do cérebro; em geral, estão dispostos em grupos funcionais e se interconectam de modo preciso.

Contudo, como se verá a seguir, a neurociência deu um salto quântico em termos analíticos, em especial com o advento das técnicas de pesquisa por imagem cerebral, como é o caso da Ressonância Magnética Funcional.

2.2 O cérebro humano

A compreensão das decisões do homem na economia está relacionada com o entendimento do funcionamento do cérebro. O funcionamento físico do cérebro impõe limitações à tomada de decisão dos agentes gerando comportamentos irracionais, se analisados sob a ótica da economia ortodoxa.

Para entender o funcionamento deste mecanismo e de como ele leva os agentes econômicos ao erro, primeiro, é essencial que se compreenda que o cérebro é um órgão, logo é destrutível, e com o envelhecer do organismo a sua destruição é factível. Entretanto as tarefas que o cérebro realiza são de extrema complexidade, sendo que ele dispõe de uma capacidade limitada de energia para a realização destas tarefas. Além disso, não importa a complexidade da tarefa, ele não terá nenhum acréscimo de energia para desempenhar tarefas mais complexas.

No cérebro produzem-se os pensamentos, as crenças, as recordações, o comportamento. É o centro do controle do organismo que coordena as faculdades do movimento, do tato, do olfato, do ouvido e dos estados de alerta. Possibilita a formação da linguagem, entender e efetuar operações numéricas, compor e apreciar música, visualizar e entender as formas geométricas e comunicar com os outros. Está dotado, inclusive, da capacidade para planificar com antecipação e criar fantasias. Revê todos os estímulos que provenham, quer de órgãos internos quer da superfície corporal, dos olhos, dos ouvidos, do nariz. Em resposta a estes estímulos, corrige a postura corporal, o movimento dos membros e a frequência do funcionamento dos órgãos internos (veja Eduardo, 2009, p. 121).

O cérebro — ou as reações que dele derivam — é composto de várias regiões que fazem parte ou formam o sistema nervoso. O sistema nervoso está dividido em duas partes: o sistema nervoso central (SNC) e o sistema nervoso periférico (SNP). O sistema nervoso central é bilateral e simétrico; é composto pelo cérebro e pela medula espinal e pelo resto do organismo. E o sistema nervoso periférico é uma rede nervosa que serve de ligação entre o cérebro e a medula espinal e o resto do organismo. Os três componentes principais do cérebro são o encéfalo (o cérebro em si), o tronco encefálico e o cerebelo. O cérebro é dividido em hemisférios cerebrais direito e esquerdo, que são ligados no centro por fibras nervosas conhecidas como corpo caloso (veja Eduardo, 2009, p. 122).

O lado esquerdo do cérebro se especializou em uma perspectiva concentrada e sequencial dos pensamentos, enquanto o lado direito é especialista em dar um passo atrás para considerar o contexto mais alargado. Por isso, se diz que o hemisfério esquerdo é responsável pelo discurso verbal, enquanto o hemisfério direito determina a entonação (veja Eduardo, 2009, p. 122).

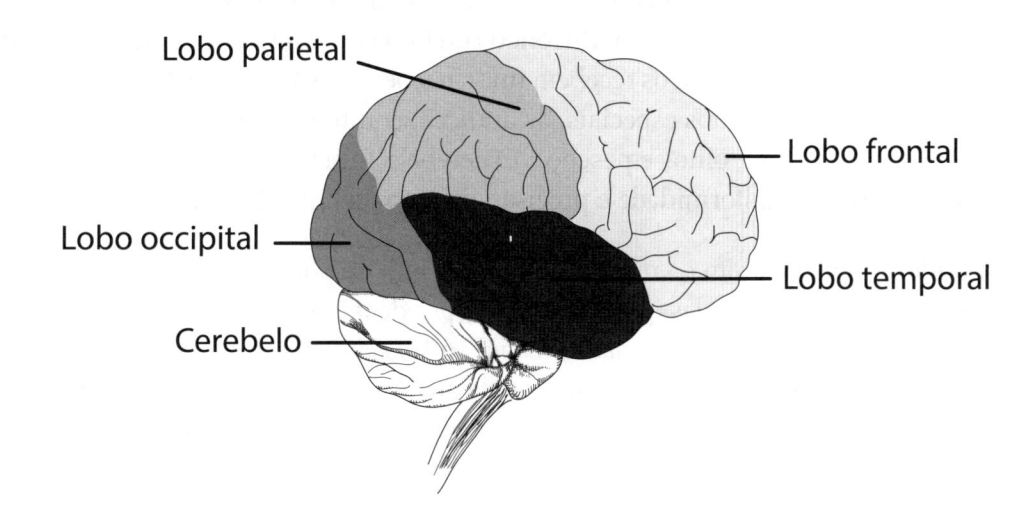

Figura 3: Cérebro

As tarefas são realizadas por partes bastante específicas do cérebro conectadas de maneira uniforme, em que cada parte específica contribui para o fluxo global da atividade nervosa. Os lobos são as principais regiões físicas do cérebro, existindo o lobo frontal, o parietal, o occipital e o temporal. O lobo frontal responsabiliza-se pelo planejamento consciente e controla a atividade motora. O lobo parietal tem a ver com as sensações espaciais e corporais. O lobo occipital interpreta a visão. Já o lobo temporal é responsável pela audição e pela memória auditiva, permitindo a identificação de pessoas e de objetos, processa e enquadra acontecimentos passados e inicia a comunicação ou ações (veja Eduardo, 2009, p.124).

Algumas outras importantes atividades do organismo são controladas pelo tronco cerebral e pelo cerebelo. O tronco cerebral influi no controle das atividades automáticas do corpo (deglutição, frequência cardíaca e respiratória). Controla também atividades como a velocidade com que o organismo consome os alimentos e aumenta o estado de alerta, quando necessário. O tronco cerebral contém vários conjuntos de corpos celulares chamados de núcleos. Alguns destes núcleos recebem informações da pele e dos músculos da cabeça e também grande parte da informação dos sentidos especiais, da audição, equilíbrio e gosto. Outros núcleos controlam a saída motora para músculos da face, olhos e pescoço. O cerebelo, situado por baixo do cérebro e por cima do tronco cerebral contribui para a uniformidade e precisão dos movimentos (veja Eduardo, 2009, p. 124).

O cérebro responde aos eventos com os recursos que estiverem disponíveis. Para que isto ocorra existe uma série de células nervosas bem estruturadas que se localizam por debaixo do cérebro. Esta estrutura configura-se da seguinte forma: o *hipocampo*, os *gânglios basais*, o *tálamo*, o *hipotálamo*. No interior dos hemisférios cerebrais está o *hipocampo*, que é fundamental para a memória. Os gânglios basais, "enterrados" a um nível ainda mais profundo, são essenciais para a aprendizagem de hábitos e colaboram na coordenação dos movimentos. O *hipotálamo* é uma das partes mais ocupadas do cérebro. A sua principal função é manter a homeostase. Coordena as atividades mais automáticas do organismo, controla os estados de sono e de vigília e regula o equilíbrio da água e a temperatura corporal. É responsável por regular a fome, a sede, resposta à dor, níveis de prazer, satisfação sexual e comportamento de raiva e agressividade. É aqui que se regulam a frequência cardíaca, pressão sanguínea, respiração e resposta de alerta em algumas circunstâncias. Através de outras partes do sistema límbico e olfativo recebe informações que o ajudam a regular a ingestão alimentar e a sexualidade.

O cérebro e o sistema nervoso, juntos, formam uma poderosa rede de comunicação — extremamente complexa — que envia e recebe informações simultaneamente em grande quantidade. Tal sistema funciona por estímulos elétricos e químicos, através de células nervosas. O sistema nervoso em sua totalidade contém aproximadamente oitenta e seis bilhões de células nervosas (neurônios) que percorrem todo o organismo e estabelecem uma interconexão entre o cérebro e o corpo. O neurônio compõe-se do corpo celular e de um só prolongamento alongado para a transmissão de mensagens. Os neurônios têm muitas ramificações, as quais captam as informações. Normalmente os nervos transmitem as informações por meio de impulsos elétricos em uma mesma direção. O prolongamento alongado e chamado de axônio do neurônio liga-se com as muitas ramificações existentes. O axônio que conduz a mensagem liberta uma pequena quantidade de substâncias químicas — os neurotransmissores — no ponto de contato entre os neurônios. Estas substâncias estimulam as ramificações do neurônio contíguo para que este inicie uma nova onda de excitação elétrica. Diferentes tipos de nervos utilizam diferentes neurotransmissores para transmitir as mensagens pelos pontos de contato dos neurônios (veja Eduardo, 2009, p. 124).

Os neurônios podem fazer muitas conexões (aproximadamente 86 bilhões). Estas conexões apresentam-se sob muitas formas, utilizando-se de diferentes moléculas mensageiras para provocar diferentes reações.

O entendimento da forma como os neurônios se conectam nas sinapses é sem dúvida alguma uma fonte rica de informação para a Neuroeconomia. O entendimento deste complexo sistema pode a princípio trazer alguma relutância na área da economia, mas é evidentemente visível que ao longo deste trabalho estas relações aparentemente complexas se correlacionam com assuntos vulgares aceitos pelos economistas.

2.3 Os Neurotransmissores e os hormônios

São os neurotransmissores que fazem com que os seres humanos sejam capazes de agir, se emocionar e raciocinar. Dessa forma a Neuroeconomia busca entender o que são os neurotransmissores e como afetam o quotidiano econômico das pessoas.

Os neurotransmissores são substâncias químicas produzidas pelos neurônios, isto é, pelas células nervosas com a função de biossinalização. Por meio delas, podem enviar informações a outras células. Podem também estimular a continuidade de um impulso, ou efetuar a reação final no órgão ou músculo alvo. Os neurotransmissores são liberados na fenda sináptica e captados por terminais pós-sinápticos (por meio de receptores localizados na membrana pós-sináptica) por ocasião da passagem do impulso nervoso de uma célula para outra. Isto é o que os neurocientistas chamam de transmissão sináptica. De acordo com a propriedade funcional do neurotransmissor e do terminal pós-sináptico, os neurotransmissores são conhecidos por promoverem respostas excitatórias ou inibitórias entre neurônios que se comunicam por sinapses químicas (veja Bittencourt, 2012, p. 1).

Existem muitos neurotransmissores, podendo aqui destacar-se os seguintes:

- **Dopamina** — Trata-se de um neurotransmissor sintetizado por um grupo muito pequeno (menos de 1%) de neurônios no tronco do cérebro (veja Berns, 2008, p. 63). A função da dopamina é estimular o sistema nervoso central. Geralmente a dopamina está ligada a comportamentos de dependência de jogo, sexo, álcool e, certamente, também do consumo (veja Camargo, 2011, p. 37). Há três funções muito importantes para a dopamina. Por um lado, o controle do movimento, e isso é feito por uma via específica (a via nigro-estriada), ou seja, neurônios dopaminérgicos produzem dopamina, estão na substância negra e comunicam com o estriado; é quando há desregulação desta via que se identifica nos seres humanos o Parkinson. Contudo sabemos que temos neurônios dopaminérgicos nesta região ventro--tegmentar que têm projeções para o sistema límbico. Parece que quando isto está alterado de alguma forma, há alteração do humor e da cognição e, por isso, surgem síndromes como são as psicoses (ex: esquizofrenia). Existe ainda uma função importante da dopamina no hipotálamo, que é a produção de prolactina, que em casos de desregulação pode levar à hiperprolactinemia (veja Coelho, 2006, p. 6).

✓ **Serotonina** — Este neurotransmissor é particularmente importante. Possui forte efeito no humor, memória e aprendizado. Regula o equilíbrio do corpo. A ausência desse neurotransmissor é a causa de inúmeras patologias como, por exemplo, o emagrecimento, a enxaqueca, a depressão profunda, ou a insônia. As únicas formas que conhecemos de produção desse neurotransmissor são a alimentação balanceada e os exercícios físicos. A *serotonina* e outras moléculas mensageiras transmitem sinais de uma célula para outra ao interagir com moléculas especiais, chamadas receptores, que agem como "porteiras". Quinze subtipos de receptores, pelo menos, são abertos pela *serotonina*. Cada um destes subtipos de receptores influi de alguma forma nos aspectos referentes ao humor, funcionamento e comportamento (veja Hart, 2010, p. 31).

✓ **Acetilcolina (ACh)** — A *acetilcolina* controla a atividade de áreas cerebrais relacionadas com a atenção, aprendizagem e memória. Pessoas que sofrem da doença de Alzheimer apresentam tipicamente baixos níveis de ACh no córtex cerebral, e as drogas que aumentam sua ação podem melhorar o sistema digestivo em tais pacientes. É liberada pelo sistema autônomo parassimpático; e os neurônios sintetizadores e liberadores de ACh são denominados "colinérgicos" (veja King, 2000, p. 1).

- ✓ **Noradrenalina** — Segundo o CFF (Conselho Federal de Farmácia do Brasil), trata-se de uma substância química que induz a excitação física e mental e o bom humor. A produção ocorre na área do cérebro (tronco encefálico) chamada de *locus coeruleus*, que é uma área do cérebro relacionada com o "prazer". A noradrenalina (*norepinefrina*) é uma mediadora dos batimentos cardíacos, pressão sanguínea; é também responsável pela taxa de conversão de glicogênio (glucose) para energia, assim como traz outros benefícios físicos.

- ✓ **Endorfina** — Esta substância é um opiáceo que modula a dor e reduz o estresse, por exemplo. *Endorfina* é um termo abrangente, que na verdade engloba três famílias de peptídeos opioides produzidos no organismo: encefalinas, dinorfinas e b-endorfinas (veja Hayashida et al., 2013, p. 1). Um bom exemplo de um momento em que o organismo libera endorfina é o de quando terminamos uma atividade física, como correr trinta minutos na esteira. Mas também o organismo pode liberar endorfina após a ingestão de alimentos, atividades prazerosas, entre outras. Além de aliviar a dor, a endorfina melhora uma série de mecanismos endógenos ao organismo, por exemplo, melhora o sistema imunológico, a memória, e reduz os efeitos do envelhecimento.

O sistema endócrino libera uma substância química que é transportada pela corrente sanguínea e também pelos demais fluídos que o corpo produz, esta substância química chama-se hormônio. Os hormônios são produzidos em órgãos específicos e a sua função no organismo é a de regular outros órgãos em outras regiões do organismo. Os hormônios são constituídos por três classes de substâncias químicas: proteínas, peptídeos e alguns grupos de carboidratos.

Vejamos os hormônios mais importantes para a Neuroeconomia:

- ✓ **Oxitocina** — A *oxitocina* é produzida principalmente no cérebro (núcleos supraóptico e parvoventral do *hipotálamo*) e nos ovários e testículos. Ela tem uma importante ação na conduta de afiliação ou, de outro modo, na associação da cria com sua mãe ou com outro criador. A produção da *oxitocina* também facilita a resposta sócio-sexual nos répteis, pássaros e, também, nos seres humanos (veja Alvarenga, 2012, p. 1). A *oxitocina* é um hormônio presente no corpo do homem e da mulher, vulgarmente conhecido como hormônio do amor. Rotineiramente a *oxitocina* é utilizada para induzir o parto nas mulheres com mais de 41 semanas de gestação. A função da *oxitocina* é estreitar o vínculo afetivo entre mãe e filho, além disso, é o hormônio que faz com que o útero contraia no final da gravidez para que o bebê nasça. A *oxitocina* é chamada de hormônio do amor, pois está intimamente ligada à sensação de prazer e de bem-estar físico, emocional, e à sensação de segurança e de fidelidade no casal. No homem, a *oxitocina* é capaz de deixá-lo menos agressivo, mais amável, generoso e com comportamentos sociais mais adequados, embora sua atuação seja muitas vezes bloqueada pela ação da *testosterona*.

- ✓ **Cortisol** — Trata-se de um hormônio da família dos esteroides, produzido pela parte superior da glândula suprarrenal. O cortisol geralmente é correlacionado na resposta ao estresse. Este hormônio estabelece relação com o sistema emocional. Além disso, é sua função controlar inflamações, alergias, níveis de estresse, diminuir a imunidade, manter a estabilidade emocional, estimular o açúcar do sangue e criar proteínas (veja Kanegane, 2007, p. 28). Ao longo do dia o cortisol pode estar alto ou baixo no sangue. O nível de cortisol flutua durante o dia porque ele está correlacionado com a serotonina (vulgarmente chamada de hormônio do bem-estar).

2.4 A teoria dos três cérebros

A Teoria dos Três Cérebros pode ser mencionada como uma teoria correspondente à vertente localizacionista da neurociência. Foi uma teoria de enorme importância para a propagação dos estudos de neurociência, em especial entre a comunidade não especializada.

Segundo esta proposta, o cérebro humano é dividido em três, além da divisão habitual feita na literatura (hemisfério direito e esquerdo). Trata-se da proposta desenvolvida pelo neurocientista Paul MacLean (1913–2007). A forma como MacLean explicou sua concepção sobre o cérebro simplificou a forma pela qual este assunto das neurociências passou a ser, de uma forma geral, mais utilizado nas várias ciências. O próprio Neuromarketing se fez valer desta simplicidade apresentada pela teoria do cérebro *triuno* para fundamentar suas hipóteses acerca da tomada de decisão dos consumidores sobre os estímulos publicitários. Evidentemente quando simplificamos demais um assunto, corremos o risco de perder pormenores específicos acerca do assunto. Contudo esta nomenclatura definida por MacLean ajuda bastante no entendimento dos conceitos iniciais em neurociência.

Portanto, a real motivação para inclusão desta teoria neste arcabouço é o de permitir o entendimento básico das funções do cérebro humano. Afinal, isto parece ser o suficiente para a compreensão da forma como os agentes econômicos interagem diante dos estímulos decisionais da vida econômica. Mas não podemos negar que as decisões econômicas são processadas, sentidas e realizadas pelo cérebro de uma forma geral. Contudo algumas regiões são ativadas mais do que outras no processo de tomada de decisão. Não é o objetivo deste estudo, investigar qual das vertentes (localizacionistas ou distribucionistas) tem a razão aquando do funcionamento do cérebro. O que se torna relevante nesta altura é permitir uma visualização dos componentes cerebrais e de seu funcionamento segundo os pressupostos de Maclean.

É interessante estudar-se individualmente cada parte do cérebro segundo a teoria do cérebro *Triuno*, que apresentamos a seguir:

- ✓ **O Neocórtex** — é responsável pela razão, representado pela fala, a escrita, o raciocínio. Em uma ação de compra, primeiro o consumidor toma a decisão depois ele a justifica. É na hora da justificativa que o córtex entra em ação. No processo evolutivo, a ampola neutral continuou o seu desenvolvimento: nasceram dois ventrículos laterais, ocupando simetricamente a direita e a esquerda, sendo o interior daquilo que serão os hemisférios cerebrais. As regiões do *córtex* reagem em um tempo muito curto, e apesar de construída segundo o mesmo modelo, cada uma delas conserva a sua originalidade funcional. Por exemplo, reconhecer um rosto, um lugar, um odor ou um poema não requer a totalidade das células corticais, mas sim, células especiais (veja Robert, 1994, p. 50). O Neocórtex é, portanto, bastante importante para a captação de aspectos sensoriais de estímulos da Neuroeconomia. Isto significa que a utilização dos cinco sentidos é importante no processo de compra e venda de produtos e serviços no mercado (veja Chavaglia et al., 2012, p. 45).

- ✓ **Sistema límbico** — em tese é responsável por processar as emoções, quando um cliente se emociona na compra de um disco dos Beatles ou na compra do primeiro carro, da primeira casa, ou da viagem dos seus sonhos. Indo mais além, quando um cliente assiste aos comerciais da TV e um comercial apela à emoção como a surpresa ou o medo, o sistema límbico é ativado. Considerando as estruturas cerebrais no sistema límbico, pode-se considerar: a amígdala (medo), o hipocampo (memória de longo prazo), o tálamo (conexão com as demais partes do sistema límbico), o *hipotálamo* (controle do sistema autônomo), o giro do cingulado (reação emocional à dor e da regulação do comportamento agressivo), o tronco cerebral (ação, vigília), a área tegmental ventral (prazer), o septo (orgasmo). O sistema límbico é responsável pelas recordações. A recordação repetida, guiada pela experiência, autoriza a aprendizagem indispensável ao quotidiano e ao exercício de uma profissão e das demais ações econômicas do quotidiano (veja Chavaglia, et al., 2012, p. 44). Apesar do fato de que o conceito de sistema límbico continua como a visão predominante sobre como o cérebro processa emoções, esta é uma teoria falha e inadequada sobre o cérebro emocional. Entretanto não existe uma definição específica para o sistema límbico. Montanhas de dados sobre o papel das áreas límbicas relacionadas com a emoção podem ser encontradas na literatura, mas ainda há pouca compreensão de como nossas emoções podem ser produto do sistema límbico. Particularmente problemático é o fato de que não se pode prever com base na teoria original de emoção límbica ou qualquer dos seus descendentes, como aspectos específicos do trabalho da emoção no cérebro (veja LeDoux, 2000, p. 155). Contudo o que se apresenta como fato é que as emoções continuam a dirigir o nosso comportamento, sendo um fator decisivo no longo processo evolutivo da espécie humana.

- **Cérebro reptiliano** — é o cérebro decisor, é nele que os impulsos elétricos que levam à ação são processados, o cliente compra por impulso, compra sem pensar. Voltando ao exemplo da compra de um produto: primeiro a decisão é tomada, depois ela é justificada. O cérebro reptiliano significa o talho cerebral, é responsável pela regulação dos elementos essenciais de sobrevivência. Segundo o próprio Maclean, ele é "compulsivo e estereotipado". MacLean ilustra esta função ao sugerir que o cérebro reptiliano organiza os processos envolvidos no regresso das tartarugas marinhas ao mesmo terreno de criação de anos atrás (veja Chavaglia, et al., 2012, p. 47).

Portanto, a maioria das decisões econômicas depende do cérebro réptil. Mas é factível que quando os processos cerebrais ocorrem, não importanto a área específica, todas as regiões cerebrais são ativadas trabalhando, no entanto para que uma área específica faça o seu trabalho o mais eficazmente possível. Um bom exemplo é a formação da demanda individual. Desta forma a não inclusão de variáveis neuroeconômicas voltadas para o entendimento e para a comunicação com o cérebro decisor como é o caso do efeito de contexto, da percepção, das emoções, do chamariz (como o efeito grátis), pode ser fatal para os resultados positivos de uma campanha mercadológica de um produto ou serviço no mercado, assim como para toda e qualquer análise econômica que envolva seres humanos.

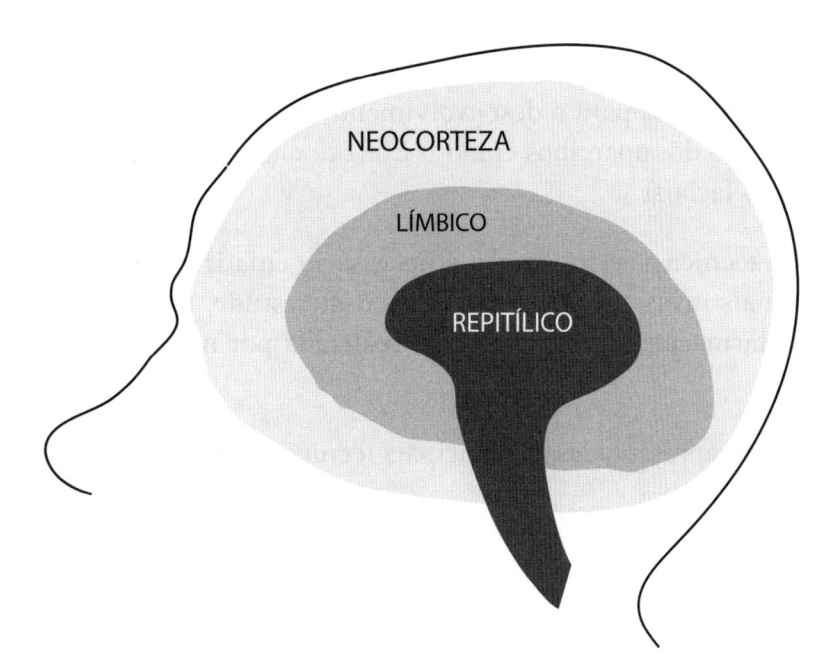

Figura 4: Cérebro triuno

2.5 Técnicas de pesquisa em Neurociência e Neuroeconomia

Graças às revolucionárias técnicas de pesquisa por imagem existente nas Neurociências, hoje se pode verificar precisamente os locais do cérebro que reagem aos estímulos econômicos, por exemplo, uma campanha publicitária — é o caso da Ressonância Magnética Funcional (RMf), da Tomografia Computadorizada, e do Eletroencefalograma (EEG).

Entretanto a Neurociência e consequentemente a Neuroeconomia dispõem de outras técnicas e tecnologias que têm enorme importância para o desenvolvimento de pesquisas referentes à decisão de compra e venda no mercado. É o caso dos aparelhos como o *Eye Tracking* (mapeamento ocular) e do *Face Reading* (leitura de microexpressões faciais).

Independentemente da técnica a ser utilizada, é necessário enfatizar que outras metodologias de pesquisas em Neurociência mais invasivas foram excluídas deste estudo, é o caso, por exemplo, da pesquisa experimental referente à farmacologia e da pesquisa realizada por meio da coleta de substâncias como saliva e sangue.

A partir desta altura serão apresentadas as principais técnicas de pesquisa em Neuroeconomia.

2.5.1 Face Reading

Observar o rosto dos agentes na hora de uma tomada de decisão econômica, sem dúvida alguma, é uma das formas mais eficazes de saber o que ele está pensando acerca do produto ou serviço ofertado. Isso porque os músculos faciais indicam exatamente o sentimento que está dominando o cliente no momento da compra (ou de um estímulo), já que esses movimentos são universais e se reproduzem em rostos de pessoas dos variados continentes do globo terrestre: da Amazônia brasileira até o Alentejo em Portugal, por exemplo. No processo mercadológico, a utilização da leitura facial se justifica no estudo e na codificação do significado das expressões faciais dos agentes econômicos. Em estudos mais completos, mapear as reações cerebrais das emoções associadas às microexpressões faciais pode contribuir de forma decisiva para a pesquisa. Dessa forma, mapear as microexpressões pode ser uma técnica bastante eficaz para o entendimento da reação do cliente diante de um produto específico, por exemplo.

Hoje, com a ajuda de bons equipamentos de imagem (como câmeras com muitos megapixels) e os estímulos certos, resultados impressionantes podem ser gerados. Outra opção é a utilização de um software que consegue mapear até quarenta rostos em uma sala e suas respectivas microexpressões faciais.

2.5.2 *Eye Tracking*

No imaginário de muitos cientistas econômicos, saber para onde um agente econômico está olhando na hora de um estímulo, em especial os profissionais de marketing aquando de uma campanha publicitária visual, sempre foi um "sonho" distante. Devido ao grande avanço tecnológico deste início de século, o mapeamento ocular dos agentes econômicos é hoje uma realidade alcançada. Estamos falando do *Eye Tracking*, que é um aparelho que mapeia os pontos focais do movimento ocular dos agentes econômicos, em especial, alguns clientes diante de embalagens, panfletos, sites, rótulos, comerciais para a TV, vitrines de lojas, entre outros estímulos. Em termos de identificação de chamarizes visuais em campanhas de marketing, por exemplo, o *Eye Tracking* tem apresentado enorme utilidade.

O dispositivo vem acompanhado de um centro de armazenamento de dados, de câmeras e de um óculos especial para a captação do ponto de visão. O pequeno centro de armazenamento de dados é colocado, na maioria das vezes, no cinto dos clientes que são orientados a agir como se estivessem no supermercado, por exemplo.

As informações são transmitidas sem a necessidade de cabos. Essas informações são enviadas para um computador que dispõe de um *software* específico fornecido pelo fabricante do aparelho de *Eye Tracking* (por exemplo, Tobbi).

Com o gráfico de *heatmap*, depois de carregada a informação do dispositivo, pode-se ver as áreas mais visualizadas pelos clientes (pontos vermelhos). Assim como as áreas que ficaram em segundo plano (pontos amarelos) e por fim as áreas que ficaram em terceiro lugar na hierarquia de foco (pontos verdes). Toda essa informação é processada podendo ser apresentada em forma de banco de dados e gráficos.

No Brasil, o Ipdois Neurobusiness (de Curitiba–PR), a FGV Projetos e a UFRJ são referências na utilização do *Eye Tracking* para pesquisa de mercado. Paralelamente à pesquisa acadêmica, muitas empresas têm se utilizado dos recursos disponíveis pela pesquisa com o *Eye Tracking*.

Comparativamente com as pesquisas de mercado tradicionais, as pesquisas com *Eye Tracking* demonstram uma enorme vantagem. Isto porque a pesquisa tradicional se baseia em questionários que geralmente são enviados por e-mail ou então por entrevistas de campo. Logicamente isto depende da sinceridade e da disposição dos respondentes. Com o *Eye Tracking*, sabe-se exatamente para onde, quando, quanto durou e qual a percentagem de pessoas que olharam para determinada área na hora do estímulo.

Como principal problema da utilização do *Eye Tracking*, podemos destacar o preço para aquisição. Hoje o preço de um bom aparelho custa o mesmo que muitos carros importados. Do lado da oferta isto é bom, pois tem elevado valor agregado e cria barreiras à entrada e do lado da demanda, contar com as possibilidades que o *Eye Tracking* pode trazer representa uma inovação capaz de gerar vantagens competitivas para a empresa.

O *Eye Tracking* apresenta-se, portanto, como uma ferramenta altamente eficaz na produção de efeitos mercadológicos para produto e para toda a comunicação visual dos mesmos. No geral, é mais um diferencial que a pesquisa em Neuroeconomia dispõe para o entendimento do comportamento dos agentes econômicos no mercado.

2.5.3 Técnicas de SPET e PET

O SPET (Tomografia por emissão de fóton único) e o PET (e de pósitrons) são técnicas da medicina nuclear que possibilitam tanto a avaliação de neuroreceptores como a avaliação do fluxo sanguíneo cerebral. Essas técnicas utilizam radiotraçadores, ou seja, substâncias com grande afinidade e especificidade para determinados receptores e que são marcadas com um radioisótopo. Durante um *scan*, o radiotraçador (também denominado ligante) é injetado no indivíduo e se concentra nas regiões cerebrais onde há maior número de receptores disponíveis para ligação. Com gama-câmeras, capta-se os raios gama emitidos pelo ligante (veja Bressan et al., 2001, p. 1). Um sistema de computador reconstrói essas informações na forma de imagens tridimensionais. As imagens finais são cortes do cérebro como numa tomografia, com a diferença de que essas imagens são mapas de distribuição e concentração do ligante no cérebro e não mapas anatômicos. Os locais em que a imagem é mais intensa correspondem às áreas em que há maior número de receptores disponíveis para interação com o ligante. A ligação do radiotraçador ao receptor depende da disponibilidade dos receptores. Substâncias endógenas (neurotransmissores) ou exógenas, que tenham afinidade pelo mesmo receptor, competem pelo sítio de ligação. Os receptores que estão ligados ao neurotransmissor endógeno não interagem com o ligante, assim como os receptores que estão ligados a qualquer outra droga, por exemplo, antipsicótico (veja Bressan et al., 2001, p. 1).

2.5.4 Ressonância Magnética Funcional

A Imagem por Ressonância Magnética Funcional (fMRI, sigla em inglês para Functional magnetic resonance imaging) tem-se tornado uma importante técnica no estudo do cérebro humano em ação, principalmente por permitir uma investigação de forma não invasiva e por possuir uma boa resolução espaçotemporal. Nos últimos anos, os mais diferentes métodos têm surgido com o intuito de analisar os sinais coletados em fMRI a fim de detectar ativações cerebrais funcionais (veja Campelo, 2010, p. 02).

Os créditos pela invenção da Ressonância Magnética Funcional podem ser atribuídos a Paul Lauterbur (1929–2007). Essa invenção pode ser considerada o que há de mais moderno para a pesquisa de Neuroeconomia e das Neurociências de uma forma genérica.

No cérebro, o núcleo do átomo de hidrogênio da água é a principal fonte de sinal na IRM. A leitura do sinal em momentos distintos permite visualizar diferencialmente substância cinzenta de substância branca e de fluido cerebrospinal. Ossos densos, que contêm pouca água, são invisíveis em tais imagens (veja Gattass et al., 2011, p. 01).

A evolução dos magnetos supercondutores usados para a ressonância magnética (RM), das bobinas e das sequências de pulso com capacidade de gerar altos gradientes com excelente homogeneidade de campo nos três planos, permitiu que a Ressonância Magnética Funcional (RMf) se estabelecesse como uma das ferramentas mais poderosas, rápidas e eficazes no campo da Neurociência (veja Gattass et al., 2011, p. 01).

O aparecimento recente do mapeamento funcional por ressonância magnética através da manipulação do contraste intrínseco representado pelas propriedades magnéticas da hemoglobina permite a detecção de alterações hemodinâmicas em locais relacionados com eventos neurais. A atividade neural acarreta elevação do fluxo sanguíneo local por mecanismos que envolvem a liberação de óxido nítrico, um gás vasodilatador difusível. Como o aumento do aporte de sangue arterial nessa região supera em muito a discreta elevação da extração de oxigênio, que está mais ativada, no balanço final, há um aumento da concentração local de oxi-hemoglobina, que é *diamagnética*, em detrimento da redução da concentração de desoxi-hemoglobina. A desoxi-hemoglobina tem propriedade *paramagnética*, por possuir dois elétrons não pareados, o que gera grande susceptibilidade magnética local, levando à perda de sinal na IMR. O efeito final na imagem consiste em aumento da intensidade do sinal nas áreas ativas, quando as imagens de ativação são subtraídas daquelas de repouso. A magnitude dessa diferença de sinal é pequena, na faixa de 1–5%, e só pode ser determinada após cálculo estatístico da correlação da variação da intensidade do sinal, nas fases de controle e estimulação. Essa técnica, BOLD (*Blood Oxigenation Level Dependent*) é a base da maioria das investigações em neurociência feitas com RMf (veja Gattass et al., 2011, p. 02).

Devido ao grande incômodo que os exames de RMf causam aos voluntários, hoje uma variável deste exame tem chamado a atenção da comunidade científica e dos laboratórios pelo mundo afora. Trata-se do *Ambient Experience*, um sistema que tenta recriar virtualmente ambientes como praia, floresta e fundo do mar — cujas imagens e cores são projetadas nas paredes da sala de exame (veja Garattoni et al., 2012, p. 57).

Desta forma, a Neuroeconomia conta com um poderoso arsenal, "nunca antes visto" na história das ciências sociais. O "poder de fogo" desse arsenal tem permitido a pesquisadores e empresas do mundo inteiro o estudo da tomada de decisão de forma mais precisa acerca das escolhas dos agentes. O valor econômico que esses estudos estão gerando para as corporações privadas e públicas ainda não pode ser mensurado. Entretanto é obvio que a forma de se pesquisar no mercado vai mudar drasticamente nos próximos anos, principalmente aquando da utilização da Imagem por Ressonância Magnética Funcional (IRMf).

2.5.5 Atividade Eletrodérmica (Condutância de Pele)

A condutância da pele é também chamada de atividade eletrodérmica ou resposta galvânica da pele (GSR). É uma das técnicas mais utilizadas em pesquisas de Neuroeconomia.

É caraterizada pela mudança no calor e eletricidade transmitida pelos nervos e suor através da pele. A condutividade da pele aumenta em certos estados emocionais e durante ondas de calor que ocorrem com a menopausa (no caso das mulheres). É também chamada de resposta eletrodermal.

Uma desvantagem reside no fato de que essa técnica permite a indicação de apenas um nível de ativação fisiológica geral, não sendo possível dizer com maior precisão qual é o tipo de emoção que a pessoa está experienciando naquele momento. Ou seja, a medida de condutância é considerada uma medida de ativação (*arousal*) emocional e não há distinção entre ativações de valência positiva ou negativa. Porém, quando combinada com questionários ou outros tipos de medidas psicofisiológicas, ela é de grande ajuda porque nos permite acessar reações inconscientes de uma forma simples e barata (veja Jesus, 2011, p. 18).

Porém alguns pesquisadores combinam o teste de condutância com o *Face Reading, Eye Tracking*, EEG. Esta combinação permite não só obter resultados aquando das sensações de emoção como de outros dados fisiológicos, conforme referido nos tópicos sobre cada tecnologia de pesquisa.

A condutância da pele é medida por meio de um medidor de condutância elétrica, usando uma corrente alternada de 60Hz. O aparelho emite uma voltagem de 50mV através de um sistema de três eletrodos. O primeiro é o eletrodo de medida, o segundo, o de contracorrente e o terceiro, o eletrodo neutro.

Os eletrodos podem ser fixados por meio de discos adesivos nos dedos das mãos. O eletrodo de medida é posicionado no terço anterior da superfície plantar, imediatamente antes dos espaços interdigitais, o de contracorrente, na face lateral externa do terço posterior e o neutro na face lateral interna do terço posterior.

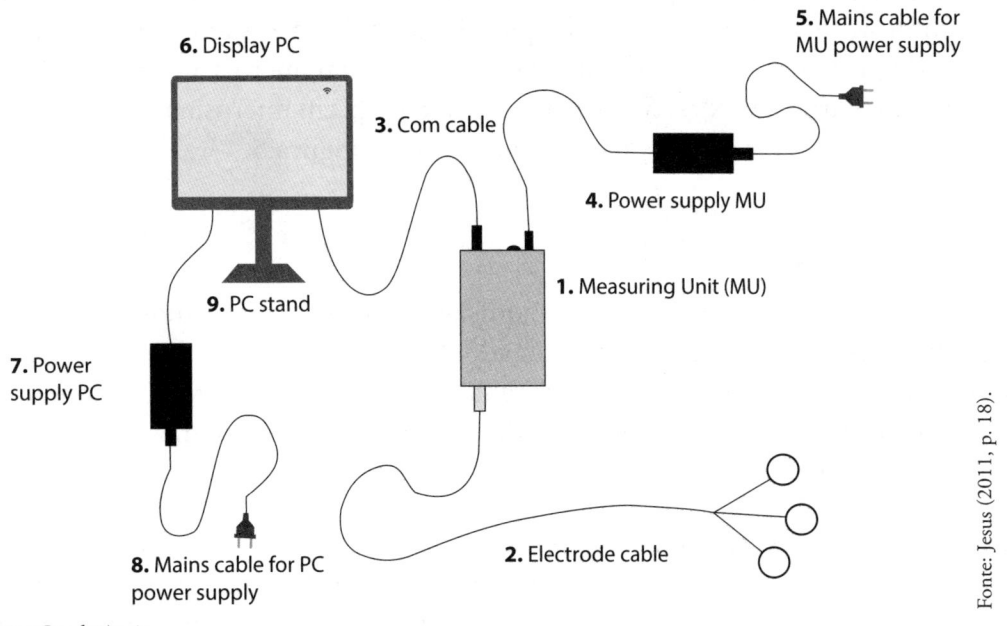

Fonte: Jesus (2011, p. 18).

Figura 5: Equipamentos Condutância
   1. Unidade de Medição; 2. Cabo do eletrodo; 3. Cabo de comunicação; 4. Fonte de energia MU; 5. Cabo de alimentação para a fonte de energia MU; 6. PC de exibição; 7. Fonte de energia do PC; 8. Cabo de alimentação para a fonte de energia do PC ; 9. Suporte para PC.

O *Skin Condutance Measure System* (SCMS) utiliza um programa computacional que registra o Número de Ondas por Segundo (NOps) e calcula a área Sob a Curva das Ondas (ASC). O NOps corresponde à taxa de disparos do Sistema Nervoso Simpático (SNS). As ondas correspondem aos vales e picos derivados dos impulsos elétricos. Elas são definidas quando a derivada for zero, sendo observáveis em formato gráfico digital em um monitor acoplado ao sistema. A amplitude da onda corresponde à altura da onda, desde o fundo do vale antes do pico até a altura deste último, e é medida em microsiemens (μS). A ASC corresponde à força com que os disparos do SNS são efetuados e é calculada em microsiemens segundo (μSseg), pela soma das áreas sob os grandes e pequenos picos, como visto na Figura 5.

2.5.6 Magnetoencefalograma (MEG)

Inegavelmente, evidenciou-se uma evolução nas pesquisas por imagem nos estudos de Neurociência. Realce-se os testes em RMf em que o voluntário fica deitado durante aproximadamente 40 minutos, em que a movimentação do sangue dentro do corpo é observada enquanto a pessoa recebe estímulos emocionais. Contudo sabemos que observar o fluxo sanguíneo do cérebro é importante, mas é necessário considerar que isto não é tudo em Neurociência.

Neste contexto, a Magnetoencefalograma se apresenta como uma ferramenta capaz de ir mais além, penetrar mais fundo no cérebro e enxergar o que os neurônios estão "fazendo". Esta tecnologia foi proposta pela primeira vez no final da década de 1960. Em vez de medir o fluxo de sangue, a ideia aqui é detectar os campos magnéticos que o cérebro emite, e com isso calcular em tempo real as descargas elétricas que estão sendo disparadas pelos neurônios.

Apesar de ser uma técnica "incrível" para o estudo do cérebro, trata-se de um equipamento extremamente caro, chegando a custar cerca de 5 milhões de dólares (veja Garattoni et al., 2012, p. 59).

Evidentemente o impacto que esta técnica vai gerar para a Neuroeconomia não pode ser previsto. Mas já se pode imaginar alguns benefícios que a Magnetoencefalografia pode somar às já existentes técnicas de pesquisa.

2.5.7 O futuro da pesquisa em Neuroeconomia: a optogenética pode ajudar consumidores e vendedores?

O cérebro é demasiado complexo. Em função disso os neurocientistas necessitam compreender melhor o funcionamento pleno de um cérebro. Desta forma objetiva-se entender a origem dos pensamentos, memórias, sensações e sentimentos.

O Prêmio Nobel de Medicina em 1962, Francis Crick (1916–2004), sugeriu que o principal desafio da neurociência é a necessidade de controlar apenas um tipo de célula no cérebro deixando as demais constantes. A estimulação elétrica não é a melhor forma, pois é bastante rústica; isso se deve ao fato de existir um estímulo mais geral e menos específico de determinadas regiões, sem diferenciar os diferentes tipos de células. Outra dificuldade é o não desligamento preciso destas células (veja Deisseroth, 2010, p. 35). Parece que a manipulação da luz como fonte de estímulo dos neurônios é a saída para este problema. Microrganismos produzem proteínas que regulam diretamente o fluxo de carga elétrica nas membranas respondendo à luz visível. Tais proteínas são denominadas "opsinas"[2]. Desde a descoberta desta peculiaridade das "op-

---

[2] Quando iluminadas as opsinas regulam o fluxo de íons eletricamente carregados através de membranas, permitindo às células extrair energia de seus ambientes. Diferentes tipos de opsina podem variar em sua sensibilidade à luz e comportamento. Os genes que sintetizam esta proteína são fundamento da tecnologia da optogenética que os neurocientistas estão usando para controlar os padrões de atividades nos neurônios escolhidos (veja Deisseroth, 2010, p.37).

sinas", passaram-se aproximadamente trinta anos até que as novas tecnologias permitissem aos pesquisadores manipular de forma adequada os estudos acerca da optogenética. Mas o que é a optogenética?

Trata-se da junção entre a óptica e a genética para o controle de eventos bem definidos dentro de quaisquer células ou tecidos vivos. Ela inclui a descoberta e inserção nas células de genes que as tornam fotossensíveis e as tecnologias para levar luz ao cérebro, direcionando seus efeitos aos genes e células de interesse e avaliando os efeitos, ou resultados desse controle ótico. Esta técnica permite a avaliação cerebral em tempo real e é de uma precisão jamais vista antes (veja Deisseroth, 2010, p. 36).

Para a utilização desta técnica os cientistas adotaram um processo com os seguintes passos:

- ✓ Inserir genes que fabricam opsinas nos neurônios; em paralelo combinam com um elemento denominado "promotor" que ativará apenas algumas células específicas.
- ✓ O gene é inserido em um vírus que pode então ser injetado no cérebro.
- ✓ O vírus infecta várias células nervosas, mas, por causa do promotor apenas um tipo de neurônio produz a opsina.
- ✓ Sondas de fibra ótica inseridas no cérebro podem emitir luzes no cérebro para controlar padrões específicos de atividade neural.

Tendo sido a optogenética devidamente apresentada, é necessário apontar alguns aspectos positivos em prol da Neuroeconomia e, evidentemente, sobre os aspectos éticos. A priori pode-se afirmar que a optogenética deixa a Ressonância Magnética Funcional a anos-luz de distância no que se refere à eficácia e precisão. A Ressonância Magnética apresenta reflexos da atividade neural ou dos mapas neurais diante de estímulos. Em termos técnicos a Ressonância Magnética Funcional mostra as mudanças dos níveis de oxigenação sanguínea do cérebro diante dos estímulos. Em um teste realizado com a combinação entre a optogenética e a RMf, identificou-se que disparos excitatórios locais nos neurônios são suficientes para desencadear os sinais complexos identificados pela RMf. Esta combinação está revolucionando ainda mais a Neurociência. Se antes diante de um estímulo econômico já se poderia mapear as reações cerebrais, agora é possível até controlar onde ocorrerão tais reações.

Se estímulos econômicos desencadeavam regiões cerebrais específicas e isto permitia melhorar bastante as políticas direcionadas ao comportamento econômico das pessoas, com a optogenética, além de verificar de forma mais precisa o que acontece no cérebro, poder-se-ão manipular as reações diante de estímulos visuais relacionados com determinadas luzes ou feixes de luzes específicas com diferença de cor dependendo da opsina que se encontra no agente.

Contudo é importante salientar que o objetivo desta técnica não é o de transformar agentes econômicos em "zumbis" que vagarão atrás das lojas de artigos de luxo. Ao invés, a optogenética permitirá à ciência econômica entender com maior nível de detalhamento o que leva as pessoas à tomada de decisão. Evidentemente isto permitirá maior confiabilidade nas campanhas de marketing, mas também permitirá fazer com que os agentes otimizem os seus resultados de forma a receberem retorno aquando da sua tomada de decisão.

A optogenética já mostrou todo o seu potencial para o estudo de algumas doenças, mas agora os pesquisadores se voltam para questões relativas ao mecanismo de recompensa cerebral, o que tem importância direta para a Neuroeconomia. Um experimento foi levado a cabo neste sentido. Os pesquisadores induziram optogeneticamente surtos de atividades sincronizados em grupos bem definidos de neurônios produtores de *dopamina* em ratos que se moviam livremente. Eles identificaram os padrões de estímulos que pareciam levar a um senso de recompensa nos animais. Na falta de qualquer outra deixa ou recompensa, eles preferiam passar mais tempo em locais onde haviam recebido surtos particulares nos neurônios responsáveis pela fabricação de *dopamina* (veja Deisseroth, 2010, p. 40).

Não se pode afirmar que a optogenética é o futuro da Neuroeconomia, mas é factível que esta revolucionária técnica pode trazer ganho qualitativo em termos de pesquisa e de novas práticas de mercado. Contudo, assim como outras tantas técnicas, pode vir a não se realizar no mercado. Neste sentido, de forma não habitual, encerra-se este tópico com uma pergunta: será que a Neuroeconomia poderá ajudar a optogenética a se tornar uma realidade no mercado?

Capítulo 3
Efeitos da interação entre o cérebro e a vida econômica

3.1 Uma questão de percepção

Aquilo que as pessoas decidem em suas vidas econômicas depende da percepção que é formada a partir de várias informações que elas dispõem, sejam elas reais, fictícias, antigas ou novas.

As pessoas tomam suas decisões econômicas (de quanto, onde, como consumir e investir) baseadas — como referido anteriormente — nas muitas reações que derivam do cérebro. Estas reações — que nem sempre derivam de fatos — geram muitas interpretações possíveis que um evento econômico pode desencadear.

Tudo tem início quando os olhos captam as imagens, que logo realizam o trabalho de transmitir a informação para o cérebro. Este é um processo que está além de nossa consciência, pois quando a maioria das pessoas se dá conta disto o cérebro já processou a informação de incontáveis maneiras. A primeira impressão, neste caso, é a de que a visão não é a mesma coisa que a percepção.

A parte do cérebro responsável pelo processamento advindo dos sinais iniciais da visão é o *córtex occipital* (que fica na parte de trás do cérebro). Depois do *córtex occipital* a informação flui para a parte da frente do cérebro, precisamente em direção aos *lobos frontais*. A informação toma dois caminhos: o principal e o secundário. O principal atravessa a parte de cima do cérebro, extraindo informações sobre onde os objetos estão localizados no espaço em relação ao corpo. Já o secundário é uma via que segue através dos *lobos temporais*, localizados acima das orelhas, e processa a informação visual de forma que categorize o que a pessoa vê. Estas duas vias coordenam-se entre si, de modo que o resultado final é a percepção completa do que os olhos transmitem (veja Berns, 2008, p. 33).

O cérebro, assim como um jogador de futebol experiente, poupa energia durante o jogo todo. Isto provoca ou gera a percepção humana. Por economizar energia diante dos muitos estímulos que recebe durante um evento, o cérebro acaba por encurtar o caminho para se chegar a uma percepção. Vejamos um exemplo, quando alguém está andando em uma quinta e se depara com uma corda enrolada entre a folhagem seca. Muitas vezes a amígdala é ativada provocando medo, pois uma corda enrolada pode se parecer com uma cobra e neste curto tempo entre a visualização e a ação o cérebro escolhe se este estímulo é ou não uma ameaça.

Alguns neurocientistas acreditam que a percepção visual é, em grande parte, o resultado de expectativas estatísticas. A percepção é o modo como o cérebro interpreta sinais visuais ambíguos utilizando a explicação mais provável, o que é um resultado direto de experiências passadas. A experiência modifica as conexões entre os neurônios, de tal forma que eles se tornam mais eficientes ao processar informações. Por exemplo — no sistema perceptivo — quanto mais o cérebro recebe uma informação menos esforço ele fará para interpretar tais informações, ou seja, o cérebro continua a gastar energia, mas a taxas decrescentes, efeito que os neurocientistas chamam de *supressão pela repetição*.

Existem três teorias acerca da supressão pela repetição. A primeira afirma que os neurônios funcionam como se fossem músculos e por isso ficam mais cansados a cada acréscimo da mesma informação; a segunda diz que os neurônios ficam satisfeitos com os estímulos e por isso respondem mais rapidamente com a repetição, o que pode indicar um decréscimo na atividade, dependendo da forma como a medição é feita; e a terceira teoriza sobre a hipótese da especialização, na qual as redes de neurônios processam repetidamente os mesmos estímulos e assim os neurônios se especializam em determinada atividade. Em outras palavras, em um primeiro momento toda a rede de neurônios pode processar um estímulo. Porém, aproximadamente a partir da sexta repetição a maior parte deste trabalho é realizada apenas por parte da rede de neurônios, o que culmina com o decréscimo na atividade neural (veja Berns, 2008, p. 65).

Por fim, o processo de *supressão pela repetição* gera um processo de mudança no nível molecular da própria *sinapse*. Estas mudanças se processam em diferentes intervalos de tempo, variando de milissegundos a dias, ou mesmo anos. Nos prazos mais curtos, os neurônios, que descarregam repetidamente neurotransmissores irão finalmente repelir *íons*, como o *potássio* e o *cálcio*, em um prazo um pouco maior — de alguns segundos — e podem esgotar sua cota de neurotransmissores, como a *dopamina*, em um fenômeno conhecido como depressão sináptica. No entanto, o que interessa disto tudo é o que acontece a longo prazo. Estes esvaziamentos temporários de *íons* e neurotransmissores podem levar a uma adaptação dentro dos próprios neurônios, chamada de potenciação de longa duração e depressão de longo prazo; isso acontece ligando e desligando os genes que controlam suas funções. Estes genes podem levar ao surgimento de novas sinapses e à supressão de outras que não têm nenhuma função (veja Berns, 2008, p. 65).

A percepção depende das categorizações, pois esta é a forma de diferenciar os objetos entre si. Esta é justamente a função que permite aos homens e mulheres encontrar, por exemplo, um objeto que procuram; afinal não se encontra algo de que não se sabe suas características.

A visão é, portanto, o primeiro passo para a formação da percepção que é um processo complexo, mas determinante para a compreensão dos efeitos da tomada de decisão das pessoas em sua vida econômica. Talvez este seja o ponto-chave deste estudo, pois qualquer tentativa de se modificar ou aplicar uma política econômica deverá considerar os aspectos relativos à possível percepção que esta política irá gerar em determinados grupos sociais.

Mas é necessário ir além e tentar entender os principais erros decorrentes da percepção. Porém deixar-se-á a explicação dos pormenores destes erros para as páginas que se aproximam, em especial para aquelas referentes aos problemas econômicos.

3.2 Uma breve descrição acerca da consciência e inconsciência

Saber a diferença entre o estado de consciência e inconsciência é uma peça-chave para a Neuroeconomia. Isto porque 95% das ações dos clientes são realizadas de forma inconsciente, o que na maioria das vezes os levam a tomar decisões irracionais, fazendo, por exemplo, com que o tomador de decisão perca uma oportunidade de fazer negócios vantajosos para si em uma negociação de compra de um carro, uma viagem ou até na aquisição de uma TV por assinatura.

Durante toda a existência da ciência econômica, questões sobre a capacidade de decidir em prol da razão por vezes foram temas centrais nos estudos de economia. Neste tempo foi delegado ao homem enquanto tomador de decisão uma capacidade que hoje entendemos estar longe de seu alcance, trata-se do livre-arbítrio (consciência). Mas será mesmo que existe o livre-arbítrio? Será que somos tão livres quanto imaginamos? Ou será que o livre-arbítrio é coisa da nossa cabeça?

Inegavelmente, um indivíduo tem controle sobre alguns aspectos de suas decisões do dia a dia. Se o contrário fosse verdadeiro, não existiriam culturas tão diferentes em um mesmo país como o Brasil, por exemplo. Mas não se pode ignorar que a maioria das decisões acontece ou emerge das regiões mais antigas do cérebro — cérebro reptiliano e sistema límbico. Tal fato leva ao confronto entre duas forças endógenas ao ser humano, mas nem por isso antagônicas: consciência versus inconsciência. Portanto, mais importante do que saber se somos ou não livres, é descobrir qual a dimensão dessa liberdade e como ela interfere em nossa capacidade de tomar decisões de compra e venda de produtos e serviços.

3.2.1 Os primórdios da consciência e da inconsciência

Apesar de muitos remeterem o conceito de consciência às primeiras obras literárias gregas, e muitos outros, apontarem para William Shakespeare, como introdutor do conceito de consciência, foi Sigmund Freud quem deu corpo científico ao estudo da consciência.

A grande contribuição de Freud resulta do fato de, em termos amplos, ter revolucionado a psicologia com os seus conceitos de inconsciente, desejo inconsciente e repressão. Basicamente Freud propôs a existência de uma mente dividida em três níveis, em que o domínio da ação está relacionado com vontades primitivas, cuja consciência serve como "cortina", revelando somente o aspecto inconsciente nos lapsos e nos sonhos.

Freud defendia a existência de um pré-consciente, que qualificava como um nível entre o consciente e o inconsciente. Outro ponto importante na teoria de Freud é o de que qualquer tipo de repressão se dava por meios inconscientes. Desta forma, o inconsciente era atribuído tanto às causas como a efeitos da repressão.

No início de sua carreira, Freud preocupava-se em desvendar uma forma de operar o inconsciente. Portanto, se preocupava em estudar efeitos psicossomáticos, em especial, a histeria. Daí os conceitos de consciente, pré-consciente e inconsciente. Somente depois, quando se preocupou com a forma como ocorria o processo de repressão, Freud desenvolveu a nomenclatura de "id", "ego" e "superego".

De forma geral, Freud definia a mente como resultado absolutamente natural de evolução, sendo em grande medida inconsciente interna e fechada e sendo o inconsciente dominado por fatores sexuais.

Além disto, Freud desenvolveu um interesse pelo estudo do inconsciente por meio de análise dos sonhos. O próprio Freud dizia que os sonhos são uma espécie de acesso ao inconsciente. Ele dizia também que a natureza deletéria dos sonhos (pesadelos) era resultado do esforço elaborado da mente em ocultar, através do disfarce simbólico e da censura, os promíscuos desejos instintivos que derivavam do inconsciente durante o sono, isto porque o "ego" afrouxava a repressão sobre o "id".

Apesar da enorme contribuição de Freud, hoje com o advento da Neurociência muitas das ideias acerca da mente desenvolvidas por Freud podem ser contestadas.

3.2.2 Uma abordagem à luz da Neurociência

Para o Professor António Damásio (2010) "a *consciência é um estado mental em que temos conhecimento da nossa própria existência e da existência daquilo que nos rodeia*".

Vejamos o conteúdo desta definição. Todos os estados mentais conscientes decorrem de um ato emocional. Portanto, estes estados — necessariamente — nos fazem sentir algo. Outra propriedade importante da consciência é a de que temos que estar acordados para isso, com exceção de um estado mental consciente que apresentamos enquanto estamos dormindo (sonhando).

Diferente do que se prega pelo senso comum, consciência não corresponde ao estado de vigília. A vigília pode ser qualificada com base no estar ou não estar, sim e não, ligado e desligado. Quando estamos com sono a consciência se reduz. Contudo este fato não significa necessariamente inconsciência. Portanto, uma pessoa pode não estar em estado de vigília, e mesmo assim poderá estar consciente.

Portanto, todos estes conceitos de consciência, inconsciência, vigília, são muito relativos e dependem dos graus específicos que cada situação apresenta.

Segundo António Damásio, para estar consciente é necessário atender alguns requisitos:

- ✓ Estar acordado.
- ✓ Ter uma mente operacional.
- ✓ E ter, nessa mente, uma sensação automática, espontânea e direta do "eu" enquanto protagonista da experiência, por mais sutil que seja a sensação do "eu".

Desta forma a consciência depende não só do estado de vigília, mas também da mente, ou seja, a pessoa deve estar pensando.

Como salientado anteriormente, o estado de vigília e de consciência não é a mesma coisa. Vejamos o exemplo do estudo de um paciente em estado neurológico vegetativo. Os pacientes em estado vegetativo não apresentam aparentemente qualquer sinal de consciência. Os pacientes não respondem ou respondem às tentativas de conversar, de tocar, de rezar. Em seu livro *O livro da Consciência*, António Damásio relata um caso em que alguns cientistas realizaram exames por meio do Eletroencefalograma (EEG). As ondas elétricas emitidas continuamente pelo cérebro destes pacientes apontavam em sentido contrário, ou seja, os pacientes em estado vegetativo estavam conscientes. Os cientistas foram mais além, em especial, Adrian Owen, que submeteu alguns pacientes em estado vegetativo ao exame de Ressonância Magnética Funcional (RMf). Os resultados confirmaram a hipótese da existência de consciência neste estado. Enquanto fazia perguntas e pedidos aos pacientes, algumas regiões cerebrais eram ativadas (córtex parietal do lado direito) como se estas pessoas estivessem em estado de consciência normal, especificamente, por exemplo, quando lhes era pedido que dessem uma volta imaginária em suas casas. Os resultados apontam para existência tanto da vigília quanto da mente ativa, portanto, da consciência.

O "eu" é um processo dinâmico conservado ou fixado em níveis relativamente estáveis durante o tempo em que estamos acordados. Entretanto este processo está sujeito a variações durante este período. Também a vigília e a mente assim como o "eu" são processos dinâmicos.

3.2.3 Tipos de consciência

Parecido com o que acontece com o comportamento de um título na bolsa de valores, a consciência flutua em cada situação do nosso dia a dia. Por meio de uma escala, é possível qualificar e quantificar o nível de consciência. Trata-se da escala de "intensidade" da consciência. Tal escala varia de um momento para outro, entre "aguda" e "grave".

Contudo nem só da intensidade vive o mapeamento da consciência, pois ela depende também do "âmbito". Considerando o âmbito da consciência, podemos dividi-la em consciência mínima (núcleo) e consciência de âmbito vasto (alargada). A consciência mínima ou nuclear nos permite ter a percepção do "eu". Tal percepção envolve o "aqui e agora", com pouca influência do passado ou do futuro. Este tipo de consciência tem a ver com a personalidade da pessoa, mas não com a identidade. Já a consciência de âmbito vasto tem a ver com a sua autobiografia. Isto acontece porque toda vez que elementos lhe trazem memórias do passado ou possibilidades do futuro, ocorre a abrangência tanto da sua personalidade como da sua identidade (veja Damásio, 2010, p. 211).

Podemos assim, concluir que o nível de consciência varia muito de pessoa para pessoa, dada a sua experiência de vida, como depende também, do âmbito ou do contexto sob os quais os estímulos são gerados.

3.2.4 O caráter constitutivo da irracionalidade e a mente inconsciente

Por motivos já discutidos neste estudo, o homem acreditou que realmente era um "ser racional", principalmente quando o assunto era a economia (negociação, investimento, compra e venda etc.).

Mas com os novos estudos de Neuroeconomia, vários mitos sobre a racionalidade das pessoas vieram abaixo. Tais estudos têm mostrado dois pontos em comum, "somos todos irracionais" e "perdemos" muito dinheiro por conta disto. Tal situação deriva do fato de que as pessoas atuam a maior parte do tempo com base na mente inconsciente.

A mente inconsciente é constituída por dois ingredientes: um ativo e um latente. O ativo se refere à formação de imagens no cérebro, imagens essas que permanecem escondidas, portanto, inconscientes. Já o ingrediente latente é formado pelas imagens retidas em uma espécie de repositório de registros descodificados que permitem a formação de imagens explícitas.

Durante todo o dia, recebemos inúmeras mensagens que não são percebidas pelo nosso "eu". Mas nessa enxurrada de informações, partes destas mensagens chamam a atenção entrando no campo de conhecimento do "eu". Neste meio tempo o cérebro capta estas informações, mas trata logo de excluir outros tantos elementos da mensagem inconsciente.

Tal efeito depende de dois fatos: primeiro o cérebro produz imagens em excesso; depois o cérebro tende a organizar estas imagens como se estivesse criando um filme, como se fosse um programa de construção de filmes para computadores (iMovie ou no Movie Maker) sendo os eventos percebidos encaixados em forma de enredo coerente.

Como conclusão, Podemos considerar que as bases dos processos conscientes são, assim, os processos inconscientes encarregados de regulação vital:

- ✓ as disposições cegas que regulam as funções metabólicas e que se encontram alojadas no núcleo do tronco cerebral e do *hipotálamo*;
- ✓ as disposições que tratam dos castigos e das recompensas e que promovem os *drives*, as motivações e as emoções; e
- ✓ o aparelho mapeador que fabrica imagens, tanto na percepção como na recordação, e que pode selecionar e organizar essas imagens no filme a que chamamos mente.

A consciência é apenas um recém-chegado à gestão vital, mas eleva o nível do jogo. Mantém os velhos truques a funcionar e deixa-os tratar das tarefas pesadas (veja Damásio, 2010, p. 212).

Acreditar que somos donos dos nossos atos, particularmente na economia, é um tanto ou quanto perigoso em termos de destruição de valor econômico. Se em alguns momentos é este pensamento que nos faz agir e empreender na economia, na maioria das vezes consiste em uma autoflagelação econômica. Mas isto faz parte da nossa natureza, só a exposição contínua e a criação de hábitos corretivos podem reduzir um pouco os efeitos deletérios que o sistema cerebral inconsciente nos causa.

3.3 Memória: longo versus curto prazo

O entendimento do funcionamento da forma como as memórias são geradas é sem dúvida alguma, um dos tópicos mais importantes para o estudo da Neuroeconomia. Saber o que faz um cliente lembrar-se de forma positiva de um produto específico ou ainda descobrir como transformar o processo de recordação de um cliente em algo que estimule a compra de determinados bens é o sonho de 9 em cada 10 neuroeconomistas. Este exemplo permite ilustrar a magnitude da importância da compreensão do funcionamento da memória.

Memória é a lembrança de um ato, fato ou qualquer estímulo seja ele endógeno ou exógeno ao organismo. O estudo da memória é essencial para as pretensões da Neuroeconomia que busca entender e controlar a geração de memórias relativas a determinada política ou estímulo econômico. Por exemplo, as empresas podem se esforçar para gerar memórias positivas acerca de seu produto ou serviço na mente dos clientes.

O termo memória tem sua origem etimológica no latim e significa a faculdade de reter ou readquirir ideias, imagens, expressões e conhecimentos adquiridos anteriormente, reportando-se às lembranças (veja Nascimento, 2011, p.19).

Uma memória decorre da reação do cérebro na interação entre organismo e um objeto, em que o cérebro registra as múltiplas consequências das interações do organismo com o objeto. O cérebro retém uma memória daquilo que aconteceu durante uma interação, e a interação inclui de forma relevante o próprio passado, e muitas vezes o passado da espécie humana e da cultura (veja Damásio, 2010, p. 170).

A memória é um processo dinâmico; não estático. Não é como um arquivo com fotos que é aberto no computador. Quando se busca algo do passado, geralmente a lembrança é contaminada, por exemplo, por falsas memórias. Memória é a conversão de experiências perceptivas em lembranças duradouras (veja Tsien, 2010, p. 40).

Além de um processo dinâmico, a memória é um processo que pode ser ativado a qualquer momento de forma voluntária ou involuntária e o mesmo acontece com aquilo que vai ser memorizado. Quer dizer, uma memória é armazenada de forma consciente e inconsciente e pode ser invocada da mesma maneira. Portanto, poder-nos-emos lembrar, por exemplo, da seleção brasileira de futebol na copa de 1970, mas também pode ser que nos lembremos de um pormenor ocorrido relativo (ou relacionado) com determinado fato em questão. Por exemplo, é o caso da forma como o Pelé comemorava os gols "socando o ar". Como as recordações compostas de acontecimentos podem ser invocadas a partir de representação de qualquer das partes que as compõem, bastaria ver, por exemplo, algum outro jogador da seleção brasileira "socar o ar" na comemoração de um gol para que a lembrança do Pelé fosse invocada.

Pode-se destacar que os fatores emocionais são eficientes para a geração de memórias relacionadas com acontecimentos, fazendo com que o cérebro guarde imagens, sons, odores e sabores (veja Damásio, 2010, p.168).

Em termos neurológicos, a memória depende de grandes populações de neurônios atuando de forma coordenada para representar e gravar uma memória a partir das experiências do organismo. Estes mesmos neurônios também discernem os conceitos gerais que nos permitem transformar nossas experiências em conhecimento e ideia (veja Tsien, 2010, p. 40).

Sobre a memória é conveniente esclarecer um fato, quanto maior o contexto sensório-motor recordado sobre uma entidade ou acontecimento específico, maior a complexidade (veja Damásio, 2010, p. 178). Quando é solicitado a alguém que se lembre do seu primeiro carro, certamente esta pessoa lembrar-se-á dos pormenores de forma mais completa em qualidade e em quantidade do que se a solicitação fosse para lembrar um carro de forma genérica. Mesmo existindo grande probabilidade de que o cérebro acessasse a mesma lembrança, o comando genérico não traz consigo a emergência de pormenores específicos. Mais uma vez se volta à questão do egocentrismo cerebral, o indivíduo lembra melhor de coisas que são relacionadas com ele.

A memória de uma pessoa se subdivide em memória de curto prazo (memória de trabalho) e memória de longo prazo. A memória de curto prazo corresponde às muitas informações que as pessoas dispõem e percebem no ambiente para o tempo presente e a de longo prazo se refere às informações que as pessoas guardam durante um longo período. Em outras palavras, a memória de longo prazo é a memória a que se recorrerá para lembrar por meio de experiências passadas. Esse processo se localiza na região do cérebro chamada de *hipocampo*, que funciona como se fosse — em uma linguagem militar — um posto de comando avançado.

O *hipocampo* seleciona o que fica na memória de trabalho e o que vai para a memória de longo prazo. Esses eventos dependem das particularidades pessoais, ou seja, das experiências passadas. Em termos gerais, cada pessoa apresentará sensibilidade de acordo com as suas experiências passadas, associadas com sua formação genética (veja Chavaglia et al., 2012, p. 102).

Portanto, a Neuroeconomia utiliza o processo de memória não só para a aprendizagem, mas também para a identificação de políticas diante dos agentes e das comunidades como um todo. Daí a enorme importância que o entendimento deste processo tem para o neuroeconomista.

3.4 Neurônios-espelho

Os neurônios-espelho permitem que as pessoas aprendam por imitação, e tudo isso de forma inconsciente. Diferentemente do *meme* (que será citado nos próximos capítulos) que é a imitação do comportamento, da cultura. O neurônio-espelho produz a imitação por meios fisiológicos, especificamente pela ativação de um conjunto de neurônios. Este grupo de neurônios foi de muita valia para a sobrevivência da espécie, pois pode ter contribuído para os relacionamentos sociais e para a criação de hábitos entre os humanos.

Quando alguém vê outra pessoa realizando uma tarefa, automaticamente a ação simulada no cérebro dá-se como se a própria pessoa que está observando estivesse realizando aquela tarefa. Essa capacidade se deve aos neurônios-espelho, distribuídos por partes essenciais do cérebro (córtex pré-motor e os centros para linguagem, empatia e dor). Os neurônios-espelho são essenciais para o aprendizado de atitudes e ações, como caminhar e dançar, por exemplo (veja Medeiros, 2012, p. 24).

Os neurônios-espelho foram descobertos pelo neurocientista italiano, Giacomo Rizzolatti, da Universidade de Parma. Enquanto realizava um experimento com um macaco, um aluno entrou no laboratório e levou um sorvete à boca, o monitor do computador apitou, surpreendendo os cientistas, já que o macaco estava imóvel. Depois de mais alguns testes com a ajuda da tomografia por emissão de pósitrons (PET) para monitorar a atividade neuronal do cérebro, conclui-se que o cérebro associa a visão de movimentos alheios ao planejamento de seus próprios movimentos.

Outras experiências mostraram que os neurônios-espelho dos macacos são ainda ativados diante de um estímulo indireto, que é associado a uma tarefa (veja Medeiros, 2012, p. 27). Tal fato se apresenta intrigante, pois pouco tempo atrás, grande parte dos estudiosos do cérebro atribuía a ação de uma pessoa a um rápido processo de raciocínio. Mas com o advento da descoberta dos neurônios-espelho perceberam que nos humanos, não há apenas a propriedade de realizar procedimentos motores básicos sem pensar sobre eles, mas também a de compreender estes movimentos ao observá-los, sem necessidade de raciocinar explicitamente sobre eles (veja Rizzolatti et al., 2010, 70).

De forma geral, compreende-se uma forte correlação entre a organização motora de ações intencionais e a capacidade de entender as intenções de terceiros. Para checar tal hipótese realizou-se um estudo nas dependências da Universidade da Califórnia em Los Angeles, desta vez com a ajuda de uma Ressonância Magnética Funcional (IRMf). Os participantes do estudo foram submetidos a três tipos de estímulos, todos contidos em videoclipes. O primeiro conjunto de imagens mostrou uma mão pegando uma xícara, com fundo branco usando dois tipos de pegada. O segundo consistiu em duas cenas contendo objetos como pratos e facas, arranjados como se estivessem prontos para que alguém tomasse o chá da tarde e como se tivessem sido deixados, depois do lanche, prontos para serem lavados. O terceiro conjunto de estímulos corresponde a uma mão pegando uma xícara em um desses dois contextos. Os resultados apontaram para o fato de que os neurônios-espelho distinguiam os contextos (pegar xícara para beber, de pegar xícara para lavar). Indo além, os neurônios-espelho também respondiam intensamente ao componente intencional de uma ato (veja Rizzolatti et al., 2010, p. 760).

A descoberta dos neurônios-espelho gera uma "gama" de novas possibilidades para a economia, em especial, no que se refere à possibilidade de orientar as pessoas em direção ao objetivo de políticas econômicas específicas. A aprendizagem também muda drasticamente, pois passa de um processo consciente baseado na capacidade de raciocínio para um modelo inconsciente que envolve ações automáticas do cérebro. Ensinar as crianças de forma adequada, por exemplo, pode certamente proporcionar o desenvolvimento de profissionais mais produtivos, preocupados com o meio ambiente e com atitudes mais altruístas no futuro.

3.5 A importância da genética e da memética para a tomada de decisão: o GENE e o MEME

3.5.1 Genética

Depois de concentrar forças na clarificação do funcionamento do cérebro em especial no que se refere à percepção, agora é fundamental clarificar acerca do papel da genética e da memética na evolução humana e sua ligação com o processo de formação da percepção. Para isso, há que fazer algumas constatações, nomeadamente sobre fatos que ajudam a perceber esse papel.

Vejamos primeiro a genética. Para o efeito, pode referir-se que os seres humanos terão surgido na região africana (recentemente foram descobertas as ossadas de "Ardi" no deserto da Etiópia, o que parece poder comprovar que assim tenha sido) e posteriormente migraram para as regiões europeia, asiática e, por fim, para a região americana. Esta migração dos seres humanos derivou da busca por melhores condições climáticas e pela busca de recursos como alimentos e água.

Além disso, também no campo da investigação da evolução humana em termos biológicos, é importante apontar a análise genética do ADN[1] Ácido Desoxirribonucleico (ADN ou DNA, na silga em inglês), dada a sua relevante importância em termos de pesquisa, principalmente na coleta e análise de fósseis. O ADN é o núcleo das células que controla o desenvolvimento das características hereditárias de uma pessoa, introduzidas pelo pai e pela mãe. A descoberta da cadeia de ADNs foi realizada pelo americano Kary Mullis (1944–), Prêmio Nobel de Química em 1993. Sua descoberta contribuiu para uma investigação mais apro-

---

[1] O ADN é a matriz da vida, o código molecular que nos identifica (veja Eduardo, 2009, p. 109).

fundada dos ossos, partindo-se diretamente da própria sequência do ADN, em vez de encontrá-la a partir dos aminoácidos. Desta forma, a abordagem genética de evolução não se baseia no registro fóssil do passado, mas no estado atual de variação genética das populações humanas vivas, o que permite extrapolar para a situação provável nas diversas fases passadas (veja Eduardo, 2009, p.110). Para modificar o código genético dos humanos são necessários alguns milhares de anos. Os genes não determinam o destino de um ser humano, mas estabelecem um conjunto de possibilidades. A investigação genética evoluiu para outros métodos. Qualquer indivíduo pode verificar seu ADN mitocondrial e traçar as rotas migratórias dos seus antecedentes. Portanto, é possível reconstruir o passado à custa de análises avançadas do ADN das populações atuais. Os grupos sanguíneos são variações genéticas. Os cientistas procuraram variações de genes de habitantes de África, Europa e Ásia. Foram descobertas 129 variações na África, 98 na Europa e 73 na Ásia. Os resultados sugerem que as populações da Europa e da Ásia ainda não tiveram tempo para acumular a diversidade. Os resultados da investigação também vieram confirmar uma hipótese há muito defendida por estudiosos, religiosos e pelo senso comum: a de que viemos do mesmo lugar. Para ser mais exato, as pessoas descendem de uma única população ancestral que viveu na África há cerca de 100 mil anos. Entretanto não se pode negar que a hereditariedade e a adaptação ao ambiente são fatores importantes para explicar as diferenças (veja Eduardo, 2009, p. 110).

A ciência está vivendo um momento de grandes descobertas e em especial no estudo da genética percebe-se que os avanços acontecem de forma "bombástica" afetando de forma significativa a substância deste ramo de estudo. Para os neuroeconomistas é crucial acompanhar os acontecimentos científicos que envolvem as pesquisas nesta área e depois correlacionar o objeto de estudo econômico com a nova informação.

3.5.2 Memética

A *memética* é uma extensão dos conceitos evolutivos de Darwin (1809–1882) da seleção natural. O conceito de *meme* foi criado por Dawkins (1941–). Um *meme* pode ser compreendido como uma unidade de cultura, um comportamento ou uma ideia que pode ser passada de pessoa para pessoa e de geração para geração pela imitação.

Então se o *gene* é importante para a formação da percepção de uma pessoa, o *meme* também o é em igual importância. Por isto se dizemos os *memes* são instruções para realizar comportamentos armazenados no cérebro e passados adiante por imitação.

Vários podem ser os exemplos de *memes*, entre os mais comuns temos:

- ✓ A moda nas roupas e na alimentação;
- ✓ Cerimônias e costumes;
- ✓ Arte e arquitetura;
- ✓ Engenharia e tecnologia;
- ✓ Melodias;
- ✓ Músicas;
- ✓ Ideias;
- ✓ Slogans;

- ✓ Alfabeto;
- ✓ Religião;
- ✓ Entre outros (veja Toledo, 2010, p. 22).

Considere-se um exemplo prático. No mercado de entrega de comida, os moradores de São Paulo, por exemplo, pedem na maioria das vezes as "famosas" pizzas, enquanto os moradores do Rio de Janeiro preferem pedir comida japonesa. Pode até ser um exemplo simplista, mas representa bem o que acontece em relação às questões culturais ou meméticas.

O *meme* é, em sua essência, um padrão de comportamento, e por ser um padrão de comportamento ele pode se adaptar melhor em algumas pessoas do que em outras. Uma pessoa influenciará ou passará para outras pessoas um *meme* em maior magnitude comparando com uma pessoa que não tenha se adaptado ao mesmo *meme*. Contudo o certo é que são os *memes* que se replicam naturalmente. Entretanto para Toledo (2010, p. 23), "pessoas infectam as outras com seus *memes* e alguns *memes* são mais contagiosos do que outros, mas também algumas pessoas são mais suscetíveis do que outras".

Obviamente o ambiente onde se desenvolvem os *memes* são as mentes humanas. Portanto, existe um limite para a reprodução destes *memes*. O estoque de mentes é limitado, e cada mente tem uma capacidade limitada de armazenamento de *memes*. Portanto, há uma forte competição entre os *memes* possíveis. Esta competição é a principal força seletiva na "atmosfera" (veja Dannett, citado por Toledo, 2010, p. 25).

Desta maneira, os *genes* e os *memes* se apresentam essenciais ao entendimento da tomada de decisão econômica dos agentes. Grande parte dos conceitos discutidos na Neuroeconomia deriva de estudos orientados para observações e estímulos da formação genética dos indivíduos, assim com as ideias que se propagam na sociedade ao longo da existência histórica da humanidade e de sua vida econômica — os *memes*.

Capítulo 4
Alguns problemas econômicos em economia comportamental e Neuroeconomia

A economia ortodoxa trouxe com a hipótese dos modelos racionais de tomada de decisão uma série de problemas impossíveis de resolver com base nos pressupostos de racionalidade. Desta forma, a economia comportamental na década de 1970 e agora a Neuroeconomia possibilitam entender melhor e procurar solucionar estes problemas.

Vejamos alguns dos principais problemas encontrados na literatura:

- ✓ Efeito de contexto;
- ✓ Incerteza;

- ✓ Tempo; e
- ✓ Interação entre estratégia e normas sociais (veja Varian, 2006, pp. 587-602).

A partir de agora, nos casos em que não são apresentadas soluções, pelo menos colocaremos em pauta alguns problemas que a Neuroeconomia pode ajudar a resolver.

4.1 Efeito de Contexto

O contexto representa o fato de que as pessoas são extremamente afetadas pela forma como as escolhas são apresentadas. Entre os principais casos do efeito de contexto, por exemplo, têm-se o caso do dilema da doença, ou o efeito de ancoragem, balizamento, excesso de opções, entre outros.

Como será visto mais à frente, com uma adaptação do dilema da doença para o caso das energias, tentaremos clarificar o efeito de ancoragem nessa área das energias. O efeito de ancoragem resulta do fato de que um valor "qualquer" puxa para cima ou para baixo a memorização de um valor específico. O que realmente importa na situação de ancoragem no consumo é a forma como um número influi nas decisões das pessoas, ou seja, se uma pessoa, ou um grupo de pessoas, é exposta a uma informação qualquer acerca da precificação de um produto. Ela será influenciada a ponto de se basear neste preço âncora como parâmetro para suas decisões de compra de determinado produto (veja Chavaglia et al., 2012, p. 61).

Recentemente perguntamos a um grupo de estudantes de MBA em Gestão de Empresas (ao mostrar um folheto com a imagem de uma marca famosa de chocolate) se eles pagariam um valor igual aos dois últimos números dos seus documentos de RG (documento de identidade).

Em um segundo momento, separamos os alunos que responderam "sim" na primeira pergunta e lhes perguntamos qual seria o valor máximo que pagariam pelo chocolate. Os alunos que tinham os dois últimos dígitos do número da identidade maiores do que 50 se dispuseram a pagar em média R$25,00 pelo chocolate; já aqueles estudantes que apresentaram os dois últimos dígitos do número de identidade menor ou igual a 50 obtiveram um valor de compra de R$16,00 em média.

Outro exemplo muito interessante desenvolvido foi o da precificação derivada da *coeficiência arbitrária* na formação dos preços no mercado de trabalho. Especificou-se a conduta dos indivíduos diante da existência de trabalho remunerado e trabalho voluntário, em que as pessoas se mostraram dispostas a realizar determinadas tarefas (como carregar um sofá) quando tal trabalho era voluntário; a partir do momento em que o trabalho passou a ser remunerado a maioria das pessoas se recusou a realizar a tarefa. Trabalho consiste em qualquer coisa que o corpo seja obrigado a fazer; diversão consiste em qualquer coisa que o corpo não seja obrigado a fazer. Estes exemplos podem até parecer um tanto ou quanto simplistas, porém, vêm mostrar que a lei de demanda e oferta não é tão real como a teoria tradicional propunha (veja Ariely, 2008, p. 22).

O efeito de ancoragem se apresenta de forma robusta na criação de erros relativos a resultados ótimos para os agentes econômicos. Empresas, governos, investidores e pessoas estão a aplicar em alguns negócios o efeito de ancoragem. Tal fato pode ser a força desencadeadora de vantagens mercadológicas para seus usuários, em especial no que diz respeito à precificação.

Normalmente as pessoas têm dificuldades para compreender o seu próprio comportamento e acham bastante difícil prever o que realmente escolheriam em contextos diferentes.

Em termos de quantidade de opções, a lógica econômica tradicional afirma que quanto mais opções houver melhor será para a escolha. Não importa quantas pesquisas qualitativas sejam realizadas com clientes, eles sempre dirão que "quanto mais opções de compra, melhor para decidir". Mas os recentes estudos do cérebro, frequentemente, apontam noutro sentido: "quanto menos opções, melhor para decidir".

Em um experimento realizado em um supermercado, pesquisadores montaram expositores com amostras de geleias de frutas. Um dos expositores oferecia 24 sabores; o outro, apenas 6. Mais pessoas se detiveram no expositor maior, mas um número consideravelmente maior de pessoas comprou geleia no expositor menor. Portanto, parece que ter mais opções pode prejudicar a tomada de decisão, o que vai em contramão relativamente à teoria econômica ortodoxa. O problema do excesso de opções pode ocorrer em todas as esferas da vida econômica.

4.2 Incerteza

Escolher algo já é uma tortuosa missão, mas escolher algo em contexto de incerteza parece ser ainda mais complicado. Isto acontece porque as pessoas são suscetíveis a erros. Na situação de incerteza elas ficam ainda mais expostas.

Este é um assunto bastante debatido na ciência econômica em particular no ramo das finanças. Todavia o enfoque que a Neuroeconomia submete em relação ao tema da incerteza é diferente daquilo que se vem trabalhando na economia ortodoxa. Cabe aqui referir a "matemática inteligente", como a teoria do caos e a geometria fractal, que também tem ajudado os cientistas a encontrar soluções para o problema da racionalidade imposta pela economia tradicional.

Os efeitos básicos derivados da incerteza são:

- ✓ A lei dos pequenos números;
- ✓ Aversão à perda.

A lei dos pequenos números consiste em um princípio psicológico que diz que as pessoas tendem a ser muito influenciadas por pequenas amostras, especialmente se são elas mesmas que as observam (veja Varian, 2006, p. 592). Isto ocorre porque as pessoas têm dificuldade em perceber eventos aleatórios.

Sobre a aversão à perda, pode-se afirmar de início que as pessoas costumam evitar um excesso de pequenos riscos e aceitar um excesso de grandes riscos. Talvez o maior exemplo da ocorrência seja o que acontece no mercado de seguros, em que as pessoas tendem a exagerar nos seguros contra diversos pequenos acontecimentos. Parece que as pessoas não são realmente avessas ao risco como são avessas à perda. Elas parecem atribuir um peso excessivo em seu *status quo* em relação aos resultados finais. Contudo alguns estudos recentes mostram que profissionais treinados são menos suscetíveis a este viés cognitivo (veja Varian, 2006, p. 594).

Uma série de experimentos em economia comportamental e Neuroeconomia apontam para o fato da existência de uma correlação forte entre a aversão à perda e o valor que as pessoas dão a objetos e a bens subjetivos relacionados a si, por exemplo, banda de Rock favorita, partido político, cor de carro predileta, time de futebol, entre outros.

O conceito de posse inicia-se bem cedo na vida de uma pessoa, em especial no que diz respeito a objetos, por exemplo, brinquedos. Em termos gerais, depois que uma pessoa escolhe um objeto, este se torna muito mais valioso para si. Por exemplo, quando uma criança perde seu "ursinho de pelúcia" favorito, certamente ela não se contentará com outro "ursinho", mesmo que este seja idêntico ao que foi perdido. Mas isto se aplica também à luva de "beisebol", gravatas, sapatos e demais objetos.

O ser humano é a única espécie que produz e cobiça objetos, de simples canetas até carros de luxo. Um bom exemplo disto foi a notícia relatada por alguns jornais na TV brasileira, sobre a descoberta de um bloco de argila entelhado com cruzes encontrado no Cabo Ocidental da África do Sul. Esta descoberta pode indicar que os seres humanos produzem e cobiçam objetos pelo seu valor estético há pelo menos 70 mil anos.

Entretanto estudos realizados recentemente mostram que os fatores culturais impactam no apego que as pessoas têm aos objetos. Claramente algumas culturas despertam maior interesse por objetos. Na era do "i" de iPhone e companhia, certamente estes equipamentos são mais cobiçados entre jovens brasileiros do que por jovens tibetanos, por exemplo.

Outro fato curioso acerca da posse é o de que as pessoas consideram os objetos uma espécie de extensão de si próprios. Em um estudo publicado em 2010, pesquisadores pediram a 31 adultos que destruíssem fotografias de seus objetos de estimação da infância. Eles descobriram que esse processo provocou forte ansiedade nos participantes. Mas quando foi solicitado aos participantes que picassem fotografias de objetos mais valiosos, como celulares, com os quais as pessoas não tinham vínculo afetivo, as variações de ansiedade foram muito menores.

Portanto, o problema da aversão à perda deriva da relação de posse que as pessoas desenvolvem com objetos, ideias. O problema da aversão à perda é também uma das áreas dentro da Neuroeconomia que há mais tempo desperta a curiosidade dos pesquisadores. Porém, há falta de estudos mais específicos acerca dos bens comuns na economia, em termos concretos.

4.3 Tempo

O tempo na economia, assim como a incerteza, gera uma série de eventos deletérios relativos à otimização feita pelos agentes. Veja-se o exemplo de alguém que faz um plano financeiro, economiza alguns reais, por exemplo, para viajar com a família. Quando chega a data da viagem ele compra um carro, ou destina o dinheiro economizado para qualquer outro fim. Isto se chama "inconsistência temporal": pode planejar hoje o seu comportamento futuro, mas quando este chegar, ele vai poder querer fazer algo diferente.

Um dos maiores problemas referentes ao tempo, mais especificamente, sobre a "inconsistência temporal", é o autocontrole. Este problema está presente desde o consumo de calorias até a questão relacionada com a vida financeira. Geralmente as pessoas não têm consciência de suas dificuldades com o autocontrole. Os psicólogos e os economistas comportamentais simplificaram um pouco as coisas. Hoje com o advento da neurociência, sabe-se que ter autocontrole é extremamente difícil e depende não só da experiência de vida de uma pessoa, mas também de fatores genéticos.

Outro assunto relativo ao tempo que ganhou destaque entre os acadêmicos e depois entre os profissionais de mercado foi o estudo do desconto temporal. A teoria convencional refere que o agente sabe exatamente o que vai fazer e quando vai fazer para maximizar seus ganhos ao longo do tempo. Contudo sabe-se que as pessoas na vida real não agem desta forma.

Na prática as pessoas não conseguem ter tanta disciplina nos investimentos. Portanto, é comum que os agentes apresentem certa "inconsistência temporal", quer dizer, podem planejar hoje, entretanto quando o futuro chegar, preferirão optar por um investimento ou gasto diferente (veja Varian, 2006, p. 596). Exemplificando, "hoje posso decidir poupar alguns reais para fazer uma viagem aos EUA. Mas ao chegar à data, posso preferir comprar um carro".

As pessoas apresentam taxas de desconto diferentes para diferentes tipos de situações. Existe considerável evidência de que as pessoas são extremamente inconsistentes, mesmo quando descontando produtos semelhantes. Desconto inconsistente sugere que pode haver limites para as tentativas de colocar números precisos sobre a tendência geral dos indivíduos a preferir algo agora ou mais tarde.

4.4 Interação entre estratégia e normas sociais

Aqui se encontra uma boa comparação entre o resultado ideal, apresentado pela "Teoria dos Jogos", e o resultado real, o que de fato acontece na vida das pessoas, derivado da "Teoria Comportamental dos Jogos".

Considerando os principais estudos recentes encontrados na literatura, há estudos que sugerem que as pessoas têm dificuldade em serem racionais em decisões sobre divisões de dinheiro, quando estão envolvidas. Em um estudo realizado com a ajuda de um aparelho de Ressonância Magnética Funcional (RMf), pesquisadores realizaram o jogo do ultimato. Neste jogo o jogador A recebe dez notas de U$1. Ele pode escolher quantas delas dará ao jogador B, que pode aceitar ou rejeitar a oferta. Se aceitar, eles dividem o dinheiro na proporção sugerida por A. Se rejeitar os dois ganham zero. Em termos de resultados, em teoria, o jogador A tem o maior ganho se oferecer U$1 para B e ficar com os outros U$9. E o jogador B deveria aceitar porque U$1 é melhor do que zero. Na prática a maioria dos voluntários representando o jogador B rejeita a oferta. A ressonância magnética mostrou que uma oferta baixa estimula a atividade no córtex insular, uma região relativamente primitiva do cérebro associada a emoções negativas como raiva e desgosto. Quanto mais atividade nesta região do cérebro, maior a probabilidade de rejeição da oferta (veja Teixeira e Porto, 2009, p.140).

Mas existe uma relação acrescida do comparativo entre as normas de mercado, onde não existe nada de cordial e afetuoso, recebe-se por aquilo que se paga e nada mais. As retribuições são imediatas. Palavras como juros, aluguéis, custos e benefícios são vulgarmente utilizadas. Do outro lado existe o mundo das normas sociais, onde acontecem pedidos cordiais e amistosos que as pessoas fazem umas às outras. As normas sociais estão envolvidas na natureza social dos seres humanos. Não há necessidade de retribuições imediatas. Quando as normas sociais e as de mercado caminham juntas, necessariamente, os relacionamentos tendem para um futuro problemático. A ideia geral aqui é a de que em muitas oportunidades as pessoas trabalham melhor quando trabalham por uma causa e não por dinheiro (veja Ariely, 2008, p. 56). Este fato também se opõe à teoria do *homo economicus,* que maximiza ganhos e minimiza perdas.

Este estudo mostra que o relacionamento econômico entre as pessoas é uma balança que pode facilmente perder o equilíbrio em qualquer quebra de acordo psicológico entre as partes, e levar as pessoas a imprimirem resultados ruins em termos econômicos. De igual forma, a colisão entre as normas de mercado e as normas sociais provoca problemas que destroem resultados ótimos para os agentes econômicos.

4.5 Equidade

Apesar do grande número de artigos sobre o assunto da equidade, ela sempre foi relegada à posição secundária na doutrina econômica (veja Akerlof e Shiller, 2010, p. 21). A verdade é que o problema da equidade é demasiadamente importante para a economia para ficar esquecida nos livros empoeirados das universidades de economia.

Em um estudo levado a cabo por um grupo de psicólogos, apresenta-se o problema da equidade de forma bastante clara. Os pesquisadores pediram aos participantes que descrevessem suas reações a breves narrativas. As ações praticadas foram justas ou injustas? De acordo com a narrativa, após forte tempestade de neve, a loja de ferramentas local aumentou o preço das pás. O comportamento foi justo ou injusto? De acordo com a economia ortodoxa esta distinção seria irrelevante: o aumento da demanda resulta em aumento do preço. Contudo 82% dos entrevistados consideraram que o aumento no preço das pás de neve de U$15 para U$20 depois da nevasca foi injusto.

Exemplificar-se-á o efeito de equidade por meio de um estudo levado a cabo por Fehr e Fischbacher (2004). Os pesquisadores utilizaram jogos punitivos para avaliar o comportamento dos agentes diante de estímulos específicos referentes à equidade. Para tal realizaram o jogo incluindo uma terceira pessoa que observava a divisão de dinheiro entre os dois jogadores. Este observador podia escolher com certo custo para si, subtrair parte do lucro do proponente (veja Varian, 2006, p. 599). Eles descobriram que 60% dessas terceiras pessoas de fato punirão aqueles que fizerem divisões iníquas. Em termos neurológicos a aplicação das punições parecia ativar uma área do cérebro (estriado dorsal) que se ilumina diante de uma antecipação de recompensa; portanto, as pessoas que julgavam se sentiam felizes por fazer isto (veja Akerlof e Shiller, 2010, p. 23).

Não se pode negar que seres humanos além de observarem o que acontece tomam as dores de quem é trapaceado. Tal fato foi esquecido ou simplesmente não foi levado em conta por nenhuma das teorias econômicas ortodoxas. De imediato, pode-se considerar uma evolução consistente no sentido de entendimento da interação dos agentes aquando de situações de equidade.

4.6 A "verdadeira relação" entre demanda, oferta e os problemas econômicos

Demanda e oferta não são forças separadas, são forças interdependentes entre si. Isto ocorre, pois a demanda não é capaz de gerar preços de mercado por si só. Não se trata de anomalias como propõe a economia tradicional, mas de efeitos muito comuns em qualquer área de atividade comercial.

Não se pode negar que os economistas tradicionais desenvolveram ferramentas de utilidade incontestável para a ciência econômica. Essa utilidade registra-se desde logo na parte do debate sobre as vantagens da especialização do trabalho e na existência do equilíbrio na economia, mas também com a utilização da ferramenta da teoria dos jogos que veio a certificar e garantir aos agentes econômicos (os jogadores) a otimização na utilização dos recursos escassos — entenda-se, maximização de utilidade e minimização de desutilidade. Tudo isto é baseado no conceito de racionalidade segundo os próprios pressupostos da teoria clássica e neoclássica.

Para os economistas tradicionais a demanda é de forma simplificada a quantidade que um determinado número de pessoas está disposto a pagar por um produto ou serviço a um determinado preço. A oferta é a quantidade de bens e serviços disponíveis a um determinado preço. E o equilíbrio destas duas forças formaria o preço de mercado.

Porém alguns estudos vêm contradizendo esta ideia. Principalmente pela alegação de que os demandantes sozinhos não são capazes de determinar um preço de equilíbrio justo (real), pois este é facilmente influenciado pela presença de um preço âncora que pode ser determinado por qualquer informação disponível no mercado.

Alguns testes realizados pelo professor do MIT Dan Ariely (2008) indicaram conclusões bastante interessantes a este respeito. Por exemplo, ele descobriu que as pessoas são altamente influenciadas pelo contexto e por qualquer outra informação do ambiente e também se apegam à decisão que foi tomada. De forma geral, as pessoas ficam ancoradas ao primeiro preço de compra que elas utilizaram para comprar um determinado produto e este preço âncora continuará a influir nas decisões de compra desse produto por muito tempo depois. É o que o autor chama de *coeficiência arbitrária*. Um preço (como o sugerido pelo varejo) só se configura como âncora quando o consumidor pretende comprar o produto ou serviço por aquele preço específico. A partir deste momento toda a decisão de compra referente a este produto ao longo da vida deste indivíduo será influenciada pelo primeiro preço âncora.

Em termos de mercado, um caso muito interessante pode ser visto nos produtos da Apple (iPod, iPhone, iPad, Mac etc.). Ocorre uma espécie de fetichismo dos "i". A verdade é que a Apple sabe gerenciar com maestria o sistema de recompensa cerebral dos seus clientes. Nas palavras do próprio fundador da empresa, considerado por muitos como um ícone deste século, Steve Jobs (1955–2011) "o cliente não sabe o que quer". Portanto, a demanda pode ser orientada a consumir aquilo que a oferta deseja que seja consumido no mercado, desde produtos físicos em si até ideias. Evidentemente algumas exceções existem, as manias de mercado são na maioria das vezes de difícil previsão. Entretanto o estudo do cérebro permite aos ofertantes saber com menor margem de erro aquilo que as pessoas necessitam para aceitarem um produto específico. Portanto, neste contexto, muitos produtos de qualidade são vendidos aos clientes, mas é bem verdade que muitas panaceias também são empurradas ao consumidor, fazendo com que na maioria das vezes essa compra seja feita de forma inconsciente. Grandes empresas estão cada vez mais atentas ao processo de tomada de decisão dos clientes. Os clientes individualmente ou até em grupos não detêm o poder econômico e nem o foco necessário para se defenderem dos estímulos que lhes são lançados no dia a dia do mundo dos negócios.

Por conveniência diz-se que a demanda de um bem depende da renda do consumidor, assim como dos preços do bem e de produtos concorrentes, além de algumas outras variáveis. Mas encarar uma análise da demanda sem considerar o que realmente acontece no cérebro dos consumidores é uma análise incompleta.

Durante muito tempo na ciência econômica, alguns autores influentes defenderam a racionalidade dos agentes na vida econômica. Era uma época em que os cálculos difíceis aplicados à economia geravam certo *status* entre os acadêmicos. Tal fato levou à criação de teorias baseadas exclusivamente na criação de modelos derivados de agentes racionais capazes de maximizar os lucros e minimizar as perdas sempre que necessário.

O "romantismo" existente na versão clássica e racional do comportamento do consumidor tornou a análise econômica uma ciência "exata", assim como a física. Contudo pode-se afirmar que tal conclusão a respeito da ciência econômica era no mínimo utópica, e factivelmente enganosa. Mas como poderiam os economistas e homens de negócios daquela época contestar os "incontestáveis" resultados matemáticos comparativamente com a gama de análises filosóficas derivadas de um grau de subjetividade de grande magnitude? Desta forma, parecia lógico utilizar-se de uma metodologia exata em vez de compor análises baseadas no simples raciocínio filosófico.

Os economistas sempre inovaram na questão de novas combinações analíticas, primeiro com a filosofia, depois com a matemática e a estatística. Justamente esta enorme capacidade de fazer novas combinações trouxe a ciência para este importante patamar: o estudo do cérebro dos agentes econômicos.

A ciência econômica quando se deparava com dificuldades para analisar questões econômicas complexas, por exemplo, a existência dos ciclos econômicos, recorria à "fuga para a frente". Isto é, quando ocorria algum problema que dificultava a explicação teórica convencional, os economistas fugiam para a frente com "boas-novas" teóricas capazes de explicar o problema do momento.

Poderá haver agora também uma "fuga para a frente". Parece, no entanto, ser prudente estudar o cérebro dos tomadores de decisão na economia, pois estes tomadores são justamente seres humanos. Se antes a economia se valia da modelagem do *homo economicus* para prever e explicar o comportamento econômico, só o fez porque não dispunha da tecnologia que hoje as neurociências oferecem aos neuroeconomistas.

Ao contrário do que preconiza a teoria da demanda, cujo conteúdo indica a variação do consumo em decorrência da variação de preços, renda, preferências, cultura etc., a demanda depende da forma como estas variáveis se apresentam ao consumidor, ou seja, dependem do contexto.

O cérebro interpreta as coisas de forma automática sendo a percepção fruto da herança genética associada à experiência de vida de uma pessoa. Isto acontece porque antes de ser um investidor, comprador, empregado etc., uma pessoa constitui-se como um ser biológico, o que significa que a sua percepção dependerá a princípio de fatores referentes ao "valor biológico", ao qual já nos referimos anteriormente, e que em si, é em grande parte inconsciente.

Vejamos o seguinte exemplo. O preço de um bem só reduz a demanda de um produto se assim ele é percebido. Em campanhas de Marketing em que o efeito "grátis" vem estampado, os consumidores são levados a comprar inconscientemente por conta do estímulo gerado. Outro exemplo é o fator de ancoragem: o cérebro memoriza o primeiro preço de um produto. Portanto, uma política voltada para os preços atuais de um produto antigo pode ser desestimulante para a empresa que os vende. Mais um fator que gera impactos determinantes na hora da compra de um produto pelo demandante é o fator balizamento, em que os preços de bens substitutos, ou dos mesmos bens são comparados na vitrine da loja ou no anúncio tendo em vista a venda de um deles somente utilizando os demais preços para balizar a venda. Isto ocorre constantemente na venda de revistas por assinatura, vitrines de lojas de varejo, opções de cursos, cardápios de restaurantes etc.

Evidentemente que cada pessoa detém uma elasticidade-preço distinta em relação aos produtos que consome. Entretanto existe um limite claro entre qualquer grau de elasticidade e a questão do valor biológico. As pessoas agem da mesma forma quando estão sob influência do medo, ou então, perto dos amigos? Dever-se-á chamar nestes casos elasticidade medo? Ou, elasticidade influência de amigos?

Além das questões biológicas endógenas ao ser humano, por exemplo, na percepção de uma ameaça, levando à decisão de lutar ou fugir, existem, portanto, as questões relacionadas com o viés cognitivo, que fazem com que as pessoas percebam a comunicação de produtos e serviços de determinada forma, considerando a existência de manias que só podem ser explicadas por fatores que apontam para a comunicação ao cérebro, que nos faz decidir — o cérebro reptiliano.

É, portanto, uma abordagem ao contrário da abordagem que aponta a demanda como origem de valor econômico. Ou seja, dever-se-á atender as necessidades e desejos da demanda. A Neuroeconomia aponta para o fato de que a demanda pode ser orientada pela oferta ou pelo governo em alguns casos, levando a consumir aquilo que se quer que seja consumido. Infelizmente o poder está nas mãos da oferta, apesar de que isto não é tão simples como parece, pois envolve uma questão bastante complexa acerca do gerenciamento do sistema de recompensas cerebral, além de outros fatores relacionados com o valor biológico na vida econômica.

4.7 O problema das previsões

A previsão econômica é um assunto demasiadamente complexo para que se faça conclusões abrangentes e definitivas acerca do assunto. Contudo neste tópico serão apresentados exemplos intrigantes e que colocam os métodos de previsão mais tradicionais em "cheque".

Num estudo levado a cabo por Tyszka e Zielonka (2002) verificou-se que quanto mais o analista tinha fé em sua capacidade de realizar previsões pior era o resultado; e para piorar, o "retorno" dos mesmos consistia em resultados iguais, portanto, saber seus pontos fracos não melhorava suas previsões.

Mais surpreendente ainda foi o resultado de um estudo de Jean-Philippe Bouchaud, reconhecido por ser um pesquisador que utiliza método empírico. Examinou detalhadamente mais de 2000 previsões de analistas de títulos e concluiu que estes "não previam nada". Mesmo munidos de informações complementares específicas sobre o mercado e sobre as empresas, as previsões dos analistas não superava as previsões das pessoas comuns. O estudo concluiu também que o efeito de manada afetava a previsão dos analistas de títulos (veja Taleb, 2009, p. 199).

Em outro estudo conduzido por Tetlock (2006), estudou-se o desempenho de analistas políticos e econômicos. Ele pediu a vários especialistas que julgassem a probabilidade de ocorrência dentro de um limite de tempo (aproximadamente 5 anos) de uma série de eventos políticos, econômicos e militares. No total foram cerca de 27 mil previsões, com a participação de quase 300 especialistas (formada em sua maioria por economistas). O estudo levado a cabo revelou que os índices de erro dos especialistas eram muito mais altos do que o autor tinha estimado. O estudo também mostrou que a graduação acadêmica dos especialistas não influía nos resultados das previsões e que a maioria dos economistas obteve resultados equivalentes aos dos jornalistas. Mas o resultado mais intrigante foi o fato de que a reputação do analista afetava negativamente as previsões. Quanto mais famoso era o analista pior o resultado da previsão (veja Taleb, 2009, p. 200).

Como levantado anteriormente, tais resultados não apontam para fatos robustos, são apenas alguns trabalhos que surgem de forma excepcionalmente interessante acerca das previsões econômicas. Se considerarmos que o homem é limitado acerca da tomada de decisão, tais levantamentos não chegam a surpreender. Contudo poder-se-á extrair a seguinte conclusão: o ditado popular "quando acertamos é responsabilidade nossa, quando erramos foi culpa do acaso ou da má sorte" é verdadeiro. As pessoas tendem literalmente a se credenciarem sob as glórias do sucesso e não assumem a responsabilidade por erros ou resultados negativos.

4.8 Seguir a manada

Desde que o termo foi utilizado pelo filósofo Hipócrates no século VI a.C. não se utilizava de forma tão vulgar o termo epidemia. Este termo deriva do grego clássico: epi (sobre) + demos (povo). Uma epidemia se caracteriza pela contaminação repentina em grande número de casos de doenças. No mundo dos negócios, epidemia quer dizer a adoção de um produto, serviço ou uma ideia de forma repentina e que se espalhe entre muitos agentes econômicos.

Na literatura existente sobre o assunto, o principal desencadeador de epidemias econômicas tem em sua essência um fenômeno econômico há muito discutido pelos economistas. Trata-se do "efeito manada". O "efeito manada" significa o ato coletivo de seguir ideias alheias. Contudo nesta altura cabe uma pergunta: por que algumas ideias, tendências, mensagens pegam mais do que outras? O que faz com que a manada siga "a nossa ideia"?

Este processo parece se comportar de forma aleatória. Entretanto a Neuroeconomia se propõe oferecer soluções. Na verdade trata-se de uma vertente da Neuroeconomia, o Neuromarketing. O Neuromarketing propõe que determinadas mensagens sejam direcionadas ao cérebro do consumidor de forma que a comunicação seja efetuada de forma eficaz por meio da eliminação de ruídos existentes, fazendo com que uma mensagem publicitária seja, por fim, percebida mais de acordo com a estratégia de marketing da empresa. Para tal os pesquisadores desta área dispõem de várias técnicas como as que este estudo mostrará mais a frente, como é o caso do **Eye Tracking**, do eletroencefalograma e da leitura facial.

A previsão de epidemias ou tendências é um tema importante para a economia, apesar de que alguns acadêmicos por vezes não reconheçam isto. Contudo é também a causa da ruína da economia tradicional. Pode até parecer uma tragédia baseada na dialética[1] marxiana[2], mas o fato é que a previsão é extremamente difícil de ser feita em termos técnicos. Outro problema é decorrente das previsões: o risco que o economista corre ao afirmar precisamente resultados econômicos, mesmo com todo o aparato quantitativo, o qual é um risco real desta profissão. Desta forma, ninguém é capaz de prever as epidemias, pelo menos até agora. Com a Neuroeconomia pode haver um contributo significativo, contando com a ajuda dos laboratórios de biologia e de métodos quantitativos nas grandes Universidades espalhadas pelo globo terrestre. O comportamento humano nos negócios é muito mais parecido com o comportamento de comunidades de bactérias do que com o mundo racional imaginado pela economia tradicional. Mas isto acontece em termos gerais. Este fato ainda não é solução definitiva para o problema da identificação de epidemias.

---

[1] A dialética é um método de diálogo cujo foco é a contraposição e contradição de ideias que leva a outras ideias e que tem sido um tema central na filosofia ocidental e oriental desde os tempos antigos (veja http:// pt.wikipedia.org/wiki/Dialética _ marxista).

[2] Referência à dialética de Karl Marx (1818–1893).

Alguns fatores são importantes para a geração de epidemias econômicas e, claro, para atingir o objetivo de qualquer política econômica, que é fazer a "manada" seguir uma ideia específica. O primeiro ponto é identificar a diferença entre consciência e inconsciência, isto porque a comunicação com o cérebro reptiliano é um fator importante para fazer com que os agentes aceitem uma ideia. Em um segundo momento é necessário identificar o funcionamento da memória e a relação emocional que o grupo-alvo apresenta para com a ideia em questão. Afinal, o objetivo é fazer com que a mensagem fique gravada na memória de longo prazo e de forma positiva. E, por fim, há que clarificar a criação de estímulos específicos ao cérebro reptiliano dos agentes.

4.9 Efeito de contexto na tomada de decisão dos agentes econômicos

Em muitos momentos na vida econômica os agentes se defrontam com escolhas que nem sempre são o que parecem ser. O efeito de contexto pode ser considerado como um dos maiores problemas no que diz respeito à ambiguidade na hora da tomada de decisão. Isto ocorre porque a forma como as opções são apresentadas aos agentes pode influir no resultado final.

O efeito de contexto tem sido utilizado de forma inconsciente em diversas áreas, com destaque para a política internacional, a negociação, as vendas e o marketing. Alguns autores de renome têm tratado de divulgar a questão do contexto no processo de tomada de decisão dos agentes. É o exemplo do prêmio Nobel em economia, George Akerlof (2010); do professor do MIT Dan Ariely (2008); dos autores do best seller "Nugdge" Richard Thaler e Cass Sunstein (2009); e de um dos autores em economia mais lidos do mundo, Varian Hall (2006).

O efeito de contexto afeta os agentes econômicos por conta da tendência que estes agentes apresentam para serem decisores passivos e negligentes, de forma inconsciente. Isto ocorre porque o cérebro como responsável pela ação não reavalia as questões apresentadas. Talvez seja por isso que muitos estudos recentes em Neuroeconomia apontam para a hipótese de que os agentes são, em muitos casos, irracionais aquando da tomada de decisão. Talvez por isso o efeito de contexto chame tanto a atenção da comunidade científica e do mercado.

Como se verá no decorrer desta pesquisa, o contexto sob o qual se insere uma decisão influencia diretamente o resultado final da decisão. As decisões são sensíveis às condições e às circunstâncias do tempo e do lugar em que ocorrem. No estudo acerca do contexto, mostrou-se uma situação de *contexto positivo* ou *contexto negativo*, simplesmente porque é vulgar nas decisões econômicas do quotidiano de uma pessoa como em decisões de empresas de grande porte, que envolve elevadas quantias de dinheiro estatal ou privado, ver três tipos de óticas ou de contexto sob as quais se apresentam as decisões:

- ✓ Positivo;
- ✓ Negativo;
- ✓ Neutro.

Contexto positivo da decisão — é muitas vezes praticado por agentes que visam a aceitação de uma ideia. Por exemplo, no caso das energias, o governo geralmente mostra dados técnicos (que têm pouco efeito sobre o cérebro decisor) por meio de gráficos e textos complexos no sentido da importância da ampliação da capacidade energética do país. O contexto positivo pode ser visto como uma ótica "otimista" acerca de possibilidades de escolha. O lado positivo das decisões implica em uma espécie de suavização de fatos negativos e ampliação de fatos positivos na altura de uma possibilidade no processo decisório. A principal emoção envolvida no contexto positivo é a alegria, como espaço para a surpresa em algumas ocasiões.

Contexto negativo da decisão — o contexto negativo atua sobre as possíveis externalidades negativas que uma escolha pode acarretar para os agentes. ONGs e alguns ambientalistas radicais são "mestres" na exploração de apresentação de decisões tendo em foco o contexto negativo. As principais emoções envolvidas no contexto negativo são medo e raiva, mas com a possibilidade de geração de nojo e surpresa (negativa) em alguns momentos.

Contexto neutro da decisão — pode ser considerado muito raro, isto porque as pessoas são influenciadas por informações inconscientes o tempo todo, o que dificulta bastante a existência da tomada de decisões em contexto neutro. Por mais ética que seja considerada uma pessoa ela sempre apresenta as escolhas de forma tendenciosa (na grande maioria das vezes inconscientemente). A neutralidade de uma decisão econômica que envolva a vida de outras pessoas e até do ambiente onde vivem os tomadores de decisão se configura como uma possibilidade "utópica" no que se refere à análise econômica, existindo apenas na literatura.

Toma-se o exemplo de um conjunto de situações de tomada de decisão no campo das empresas de energia, como as que têm a ver com as seguintes questões: devemos implantar ou não uma hidroelétrica nesta comunidade? Qual o modal de energia alternativa a ser utilizado? Devemos passar esta estrada perto deste local? Estas são algumas entre muitas outras questões que envolvem impactos para o meio ambiente, para as pessoas e para a própria empresa.

As decisões neste setor são sempre marcadas por questões políticas, religiosas, pessoais, ambientais, normativas, comerciais e técnicas. Um bom exemplo disto é a construção da usina hidroelétrica de "Belo Monte" no Estado do Pará, em que o Governo brasileiro enfrenta grandes dificuldades na implantação do projeto por conta da influência das questões indígenas, ambientais, religiosas e políticas, mesmo depois de o projeto ter apresentado viabilidade econômica e técnica; ou ainda o caso das implantações de minirredes em locais isolados da Amazônia em que questões pessoais de moradores destas localidades como ciúme, inveja ou raiva impactaram diretamente na viabilidade dos projetos, levando os técnicos de alguns deles a apontar a necessidade do comportamento "racional" dos agentes para que o projeto seja viável econômica e socialmente.

Na verdade, os agentes econômicos são extremamente sensíveis ao poder do contexto. E as mudanças decorrentes do contexto, podem, com efeito, deflagrar verdadeiras "epidemias" (veja Gladwell, 2009, p. 137).

Portanto, este é um efeito bastante representativo da incapacidade que os agentes têm em serem racionais. Entretanto abre-se um campo alargado para novas possibilidades analíticas. O processo de tomada de decisão e, ainda mais, o processo de avaliação das análises de tomada de decisão não pode ignorar o poder do contexto para os resultados.

Capítulo 5
Políticas em Neuroeconomia

5.1 Identificando as emoções dos agentes no processo de tomada de decisão

As emoções são tão importantes para a sobrevivência da espécie humana que elas se tornaram um programa complexo endógeno ao sistema de sobrevivência, que na maioria das vezes é automático. Dentro do mecanismo de valor biológico, assim como as demais variáveis de recompensa e punição, as emoções compreendem um componente importante para a regulação vital.

Antes de tudo, vale fazer aqui uma distinção entre emoção e sentimento, que por vezes são confundidos. A emoção é a ação decorrente dos estímulos externos e internos, enquanto que o sentimento é a resposta do corpo diante da percepção gerada pela emoção.

As emoções são programas complexos, em grande medida automatizados, de ações modeladas pela evolução. As ações são completadas por um programa cognitivo que inclui certos conceitos e modos de cognição, mas o mundo das emoções é sobretudo um mundo de ações levadas a cabo no corpo humano, desde expressões faciais e posições do corpo até as mudanças nas vísceras e no meio interno. Os sentimentos de emoção, por outro lado, são percepções compostas daquilo que acontece no corpo e na mente quando uma pessoa sente as emoções. No que diz respeito ao corpo, os sentimentos são imagens de ações e não ações em si mesmas (veja Damásio, 2010, p. 142). O sentimento é um componente da emoção, mas a emoção nem sempre desperta um sentimento. A emoção pode ocorrer sem um sentimento aparente (veja Phelps, 2008, p. 233).

Portanto, emoção e sentimento fazem parte de um processo cuja primeira etapa é a emoção (ação) e a segunda etapa é o sentimento (o sentir, o perceber, o tomar consciência). Depois disto ocorre uma espécie de ajuste em que o lado consciente tenta tomar o controle da situação. Algumas pessoas conseguem controlar os efeitos da emoção melhor do que outras, mas nada significativo. Tal fato deu origem a toda uma literatura *pop* acerca da inteligência emocional.

Diante de um estímulo com apelo emocional seja ele presente ou que evoque acontecimentos do passado, o cérebro processa estas imagens ativando assim uma série de regiões específicas do *sistema límbico*, com destaque para a *amígdala*. Os núcleos da *amígdala* enviam ordens para o *hipotálamo* e para o tronco cerebral (veja Damásio, 2010, p. 147). A amígdala faz uma varredura de toda a experiência, em busca de problemas, uma espécie de sentinela psicológica, desafiando cada situação, cada percepção, com apenas um tipo de pergunta em mente, a mais primitiva: é alguma coisa que odeio? Isso me fere? (veja Goleman, 1996, p. 68).

Geram-se então efeitos sobre o cérebro em si e sobre a parte restante do corpo. Derivando destas reações podemos identificar o perfil emocional de uma pessoa, também denominado "estado emocional" (veja Damásio, 2010, p. 147). Por exemplo, em algumas ocasiões sentimo-nos como se fossemos explodir, a respiração fica acelerada, o estômago fica embrulhado. Associado a estas sensações é liberado no organismo o cortisol o que de certa forma altera todo o organismo.

Na literatura são muitas as composições acerca dos tipos de emoções. Entretanto nos últimos anos os pesquisadores parecem ter entrado em consenso no que diz respeito às emoções básicas. Em Ekman e Friesen, citados por Phelps (2008, p. 239), podem encontrar-se as seguintes emoções básicas:

- Medo;
- Raiva;
- Tristeza;
- Nojo;
- Alegria;
- Surpresa.

Estas emoções básicas (ou universais) podem ser encontradas nas várias localidades e culturas do mundo. Sobre isto, é factível o determinismo genético das emoções. Contudo também é verdade que a cultura influi na forma como algo é percebido pelo cérebro e que, por fim, desencadeia as emoções. Por exemplo, para os brasileiros, enfrentar a França na "copa do mundo" de futebol causa medo, já que esta seleção eliminou o Brasil de três "copas do mundo". Já para os italianos enfrentar a França remete à alegria, já que o último título dos italianos (na Copa do Mundo de 2006) do goleiro Luigi Buffon, foi conquistado sobre a França do craque aposentado, Zinedine Zidane. Este é apenas um exemplo: a seleção Brasileira vai continuar sendo a seleção que mais provoca medo nos adversários[1].

---

[1] Este texto foi escrito antes da Copa do Mundo de 2014.

Contudo, não importando a etnia nem a localização no globo terrestre, os efeitos faciais e corporais apresentados pelas pessoas são idênticos diante de um momento de emoção, o que de fato justifica ou permite a utilização do mapeamento das emoções pela leitura facial e pela leitura corporal.

Todavia mecanismos mais confiáveis do que a intuição e técnicas aplicadas de PNL (Programação Neurolinguística) são necessários para pesquisas mais robustas. Para resolver este problema, instituições de ensino e centros de pesquisa em Neuroeconomia e Neuromarketing utilizam *softwares* cada vez mais potentes para análise de microexpressões faciais de clientes, fornecedores e demais agentes econômicos envolvidos no objeto das pesquisas. Como hoje é possível mapear as microexpressões faciais de várias dezenas de pessoas numa sala, em termos práticos, isso significa que a identificação do estado mental dos agentes assim como o impacto que os estímulos geram nos agentes podem ser facilmente identificados.

Mas que estímulos são esses? Existem várias classes de estímulos que têm sido bem caracterizados e utilizados numa série de estudos. Duas classes desses estímulos são "cenas emocionais" e "palavras". Outra classe de estímulos comumente utilizada em pesquisas sobre emoção consiste em "rostos com expressões emocionais". Outros estímulos normalmente utilizados para estudar a emoção em laboratório seriam considerados reforçadores primários — isto é, estímulos e situações que são inerentemente apetitivos ou aversivos (veja Phelps, 2008, p. 241).

Neste estudo se optou por utilizar as classes de estímulos com imagens. Entretanto os pormenores da pesquisa em si ficam para mais tarde. Portanto, o objetivo deste tópico foi alcançado ao apresentar genericamente o tema das emoções.

As pessoas são suscetíveis aos efeitos das emoções. Desta forma parece ser prudente a ideia de considerar o estudo das emoções na tomada de decisão econômica. Abordando estratégias baseadas no mapeamento das emoções, de seus principais efeitos no cérebro e no corpo, e ações diminuem os vieses na hora de tomar uma decisão na vida econômica.

5.2 A geração de estímulos para orientação dos tomadores de decisão

As pessoas estão sujeitas a estímulos inconscientes que fazem a diferença nos resultados finais no processo de tomada de decisão na economia.

A neurociência tem apontado para a possibilidade de que fatores genéticos associados à experiência de vida de cada indivíduo formam a estrutura da escolha, fazendo com que a decisão seja tomada muito antes do processo de consciência. Estudos recentes apontam para o fato de que impulsos elétricos são desencadeados no cérebro em 500 milissegundos antes da ação (veja Maldonado e Dell'orco, 2010, p. 25). Portanto, ao contrário do que sempre se acreditou, primeiro a escolha é feita no cérebro, depois as pessoas justificam suas escolhas. Por exemplo, a maioria das pessoas faz compras com base nas emoções e, em seguida, justifica racionalmente as suas decisões (veja Renvoisé e Morin, 2009, p. 22).

Desta forma a geração de estímulos pode aproximar ou afastar as pessoas de um objetivo, objeto, pessoa, animal, alimento etc. Mas existe a possibilidade de influência exógena, por exemplo, com base na opinião de terceiros, ilusões de ótica, efeitos de ancoragem, entre outros fatores. Portanto, a ideia de livre-arbítrio neste sentido fica limitada.

Há alguns anos, em um experimento, pesquisadores em uma sala de cinema deram aos espectadores baldes grátis de pipocas amolecidas (feitas cinco dias antes e guardadas de modo que fossem amolecendo). As pessoas não foram informadas quanto ao estado das pipocas, mas é fato que não gostaram delas. Nesta experiência metade dos espectadores recebeu um balde grande de pipocas e a outra metade recebeu um balde médio. As pessoas que receberam um balde grande comeram em média 53% das pipocas — apesar de não gostarem delas. Depois do filme, os pesquisadores perguntaram às pessoas que tinham recebido o balde grande se tinham comido mais dado o tamanho do balde. A maioria disse que não, com respostas do tipo: "não me deixo enganar com esse tipo de coisas". Mas estavam erradas (veja Thaler e Sunstein, 2008, p. 69). Neste caso, o estímulo foi "mais quantidade oferecida significa mais quantidade consumida". Isto se deve à incapacidade inerente aos seres humanos em abrir mão de ganhos factuais instantâneos em prol de ganhos maiores futuros.

Outro exemplo é o experimento em que psicólogos pediram que mulheres selecionassem entre 12 pares de meias-calças de náilon, aquelas que preferiam. Então os pesquisadores perguntaram às mulheres as razões pelas escolhas. Textura, "sensação" e cor estavam entre as razões escolhidas. Todos os pares de meias-calças eram, na verdade, idênticos. Concluiu-se no estudo que as pessoas são melhores em explicar do que em entender (veja Taleb, 2009, p. 102).

Pode-se categoricamente afirmar que a tomada de decisão depende da forma como as pessoas percebem a si mesmas enquanto ser biológico e como percebem o mundo que as rodeia. Tem-se visto ao longo do trabalho já apresentado que a percepção se dá por meio da formação de mapas mentais representados por imagens, não importando se o estímulo é uma visão, um cheiro ou um sabor. Todos eles se materializam sob a forma de imagens no cérebro.

O cérebro reptiliano é egocêntrico. Isto indica que uma pessoa lembra com maior facilidade de situações que lhe dizem respeito. Num experimento recente, pesquisadores perguntaram a alguns voluntários sobre eles próprios e sobre outras pessoas. Depois os pesquisadores deram aos participantes um teste surpresa para ver o quanto se lembravam das perguntas. As pessoas lembravam mais das perguntas sobre si mesmas do que sobre os outros (veja Zimmer, 2010, p. 8). Naturalmente esta é uma vantagem que pode ser eficazmente aproveitada na hora de gerar um estímulo no sentido de orientar os tomadores de decisão a escolher determinada opção.

Como estrutura neurológica, o cérebro tem uma necessidade inerente de estimulação e o comportamento traduz essa necessidade do cérebro em ser estimulado uma vez que na ausência dessa estimulação o cérebro procura formas de aumentá-la (veja Rodrigues, 2011, p.14).

Mas o que é um estímulo? Em Neuroeconomia um estímulo é uma ação que objetiva mudar ou confirmar ainda mais uma percepção. Os profissionais da área do marketing falam muito em marca percebida ou valor percebido. Na verdade eles se referem à formação de uma possível percepção que atraia os clientes atuais e potenciais para a compra de seus produtos. Na economia, muitas políticas governamentais foram definidas com base em estímulos que apelam para uma mudança de percepção. Um bom exemplo foi o posicionamento "acolhedor" e "apaziguador" do então candidato à presidência americana, Barack Obama, quando necessitou ganhar a confiança dos eleitores que enfrentavam o início de uma grande crise financeira global em meados de 2008.

A geração de estímulo é a arma fundamental da Neuroeconomia para mudar a realidade, quebrar paradigmas e gerar inovações. Depois de identificar o contexto de uma decisão e mapear o perfil emocional do tomador de decisão, vem o estímulo, que necessariamente deve considerar as informações encontradas no contexto e no perfil dos tomadores de decisão.

Os estímulos variam bastante em uma graduação de sensibilidade. Nem sempre um estímulo tem o mesmo efeito em pessoas diferentes. Talvez seja este o "elo perdido da Neuroeconomia". Como controlar a geração da percepção de forma a afetar grupos de pessoas a seguir a "manada"? Como fazer para controlar o ciclo de aceitação de um produto? Os casos estudados até hoje conseguem identificar se um produto obteve ou não sucesso, mas nunca nem chegou perto de prever o movimento do sucesso destes produtos. Ou será que há 10 anos todos sabiam que o "iPhone" da Apple seria o sucesso que é hoje? Ou ainda, será que o Governo Brasileiro em meados dos anos da década de 1990 saberia que a construção de uma hidroelétrica

(Belo Monte no Pará) que pode resolver metade dos problemas energéticos do país seria tão combatida pela sociedade global? Evidentemente que a resposta para estas perguntas é "não".

Enquanto a Neuroeconomia não descobre como controlar as "pragas" ou manias de mercado, a geração de estímulos cerebrais continua sendo a arma mais eficaz para fazer com que uma ideia, produto ou comportamento social prolifere em termos coletivos. Já que não se pode estar precisamente certos, é melhor se concentrar na possibilidade de estar "mais ou menos" certos, mesmo a Neuroeconomia se apresentando como o que há de mais preciso na questão do comportamento dos agentes na economia.

5.3 A ética e a moral na Neuroeconomia

O estudo referente à economia nos tempos antigos, antes da manifestação da economia enquanto área de estudo específica era endógena às discussões paralelas à ética. Mas antes de mais nada, é melhor relembrar o conceito de ética e por conveniência o conceito de moral, culminando com os principais pontos que se referem à nova abordagem da Neuroeconomia. Contudo neste tópico será feita uma explanação com base no levantamento dos tópicos mais atuais acerca do que está se passando com a Neuroeconomia no que se refere ao assunto da ética.

A França foi um dos primeiros países a se tornar referência em Neuroeconomia com destaque para o Neuromarketing. Grandes institutos de pesquisa, universidades, empresas e o governo utilizaram por anos os benefícios da Neuroeconomia para otimizarem seus recursos por meio de decisões mais sábias a favor da geração de riquezas e bem-estar. Contudo também tem sido utilizada a neurociência diante da possibilidade da utilização da pesquisa com Ressonância Magnética Funcional (RMf) na área do direito, em particular em julgamentos de casos de assassinatos, em que uma sentença pode ser definitiva para a vida de uma pessoa. O governo francês resolveu intervir, porém no uso indiscriminado da neurociência. Proibiu a utilização da Ressonância Magnética (RM) em comerciais e julgamentos (veja Oullier, 2012, p. 01). Por que será? Manutenção do *status quo*, medo, entre outros vários motivos possíveis. Não se sabe ao certo. Contudo, desde já tentaremos considerar este fato como sendo uma medida preventiva equivocada e nada científica.

Por absurdo, em última análise, talvez governos conservadores proibissem a utilização do fogo, da energia, da prática de artes marciais, da nanotecnologia, dos automóveis e até da internet. Todas as inovações que trazem o bem, também podem ser utilizadas para o mal se estiverem nas mãos de pessoas inescrupulosas. Pessoas inescrupulosas devem ser acompanhadas para tentar neutralizar um potencial causador de externalidade negativa em âmbito social, mas se mesmo assim cometerem um ato deletério, estas pessoas devem ser julgadas e se for o caso punidas.

Além da "ignorância" política a respeito das novas descobertas das neurociências, o que parece existir de fato é o medo por parte de alguns neurocientistas que estão acompanhando o sucesso da neurociência aplicada à Neuroeconomia e a muitas outras áreas do conhecimento, que até agora só ganharam com a inclusão da neurociência em seu arcabouço analítico. Neste ponto um espaço para o seguinte raciocínio: os engenheiros constroem as hidroelétricas, mas nem por isso só eles têm acesso à energia. O mesmo se aplica aos avanços da neurociência neste momento.

Agora considerando a Neuroeconomia em si, a verdade é que no campo da economia, muitos economistas tradicionais, fechados a novas ideias, estão relutantes (assim como alguns neurocientistas) relativamente aos benefícios da Neuroeconomia. Neste caso, podemos referir os mesmos motivos que afetam os neurocientistas.

Talvez a denominação da disciplina cause certa renitência, contudo o mercado e o mundo acadêmico já aceitaram tal denominação (Neuroeconomia). Certamente se chamassem a Neuroeconomia de "nova economia", "economia moderna" ou qualquer destes nomes vagos que delegam a responsabilidade a "ninguém", alguns economistas e neurocientistas ortodoxos não partilhassem do preconceito que agora expõem em seus artigos e livros.

Estudos de Neuromarketing têm mostrado que diariamente as pessoas são expostas a milhares de informações que não são percebidas pelo cérebro (pelo menos não como planejado pelos publicitários). Isto deve causar algum mal ou, pelo menos, toma tempo dos telespectadores, que deveriam estar vendo comerciais pontuais relativos às suas necessidades. No campo da política, os candidatos agora conseguem transmitir de forma mais eficaz os seus planos de governo para os eleitores. Na área dos recursos humanos, lideranças mais pontuais e adequadas a cada momento podem ser desenvolvidas graças à evolução da neurociência nesta área.

Os ganhos para os agentes em decorrência da utilização da neurociência associada à economia são potencialmente elevados. Assim como ocorre com qualquer tecnologia nova, a Neuroeconomia deve ser acompanhada por autoridades, pela comunidade científica e pelo mercado. Contudo um fato se apresenta, queiram os mais céticos ou não reconhecê-lo, a Neuroeconomia será o que os agentes de agora quiserem que ela seja.

Capítulo 6
Métodos Quantitativos: análise de dados em Neuroeconomia

O uso de técnicas de análise de dados e dos métodos quantitativos de uma forma genérica implica a criação de modelos extremamente práticos para a ciência em termos gerais. Para a Neuroeconomia, a utilização dos métodos quantitativos vem se mostrando uma saída para despertar fiabilidade da comunidade científica. Afinal, trata-se de uma disciplina há muito estabelecida, testada e praticada por acadêmicos, governantes, empresários, estudantes de graduação entre outros tantos adeptos.

Neste capítulo apresentaremos algumas técnicas, conceitos e modelos desenvolvidos por cientistas contemporâneos aquando da busca para os problemas econômicos com a união entre Neuroeconomia e métodos quantitativos.

Até esta altura do trabalho, muito se mostrou sobre a Neuroeconomia. Contudo se dará aqui ênfase aos métodos quantitativos. Os métodos quantitativos são acima de qualquer coisa, uma ferramenta analítica. Portanto, cabe ao pesquisador fazer bom uso da "ferramenta" no processo de investigação científica.

Aquando das técnicas estatísticas, para Hill e Hill (2009, p. 192) pode-se classificá-las da seguinte maneira:

- ✓ Técnicas paramétricas e técnicas não paramétricas;
- ✓ Técnicas que tratam de diferenças entre amostras de casos e técnicas que tratam da relação entre variáveis (para uma só amostra de casos);
- ✓ Técnicas univariadas, técnicas bivariadas e técnicas multivariadas.

Mas, antes de qualquer coisa, é necessário fazer uma diferenciação entre estatística descritiva e estatística indutiva. A estatística descritiva descreve, de forma sumária, alguma característica de uma ou mais variáveis fornecidas por uma amostra de dados.

Estatística descritiva e indutiva — as estatísticas descritivas mais vulgares são, talvez, as medidas de tendência central, nomeadamente, o valor médio, a mediana e a moda. O desvio padrão, a variância e o intervalo interquartil também são estatísticas descritivas porque dão uma descrição sumária da variação dos valores de uma variável. Todos os coeficientes de correlação são estatísticas descritivas na medida em que resumem a relação entre os valores de duas variáveis. Outras estatísticas descritivas ligeiramente mais sofisticadas, mas essenciais na fase preparatória de algumas análises de dados, são as medidas de curtose de assimetria. As estatísticas indutivas permitem avaliar o papel de fatores ligados com o acaso quando estamos a tirar conclusões a partir de uma ou mais amostras de dados (veja Hill e Hill, 2009, p. 192).

As técnicas paramétricas e técnicas não paramétricas — as técnicas paramétricas são estatísticas que lidam com parâmetros, e um parâmetro é uma característica de um universo, por exemplo, o valor médio de uma variável. As estatísticas paramétricas assumem um pressuposto forte, nomeadamente que, no universo (e numa amostra retirada do universo), os valores de uma variável têm uma distribuição normal. Elas assumem outros pressupostos também, sendo um dos mais importantes o que diz que os valores de uma variável são medidos numa escala de intervalo ou rácio. Alguns exemplos de técnicas estatísticas do tipo paramétrico são o teste t, a análise de variância, a correlação (do tipo Pearson) e a regressão linear. As técnicas não paramétricas não lidam com parâmetros e não assumem que os valores de uma variável têm uma distribuição normal. Estas estatísticas permitem analisar variáveis com valores numa escala nominal. Alguns exemplos de técnicas estatísticas do tipo não paramétrico são o teste qui-quadrado, o teste de Wilcoxon, o teste entre medianas, e a correlação (do tipo Spearman).

Técnicas univariadas, bivariadas e multivariadas — As técnicas estatísticas indutivas que tratam de diferenças entre amostras e que utilizam uma variável dependente e uma variável independente são técnicas univariadas. São denominadas assim, pois se referem à existência de apenas uma variável dependente. As técnicas bivariadas tratam de relações entre duas variáveis. Portanto, as técnicas de correlação e as técnicas ligadas com coeficientes de associação são técnicas bivariadas. Sobre as técnicas multivariadas, existe uma distinção entre técnicas estatísticas que tratam de dependência e técnicas que tratam de interdependência (veja Sharma citado por Hill e Hill, 2009, p. 207). Utilizando esta distinção:

- ✓ Técnicas que tratam de dependência — técnicas que utilizam mais do que uma variável independente e/ou mais do que uma variável dependente.

- ✓ Técnicas que tratam com interdependência — técnicas em que o objetivo principal da análise é entender como, e por que, as variáveis estão correlacionadas.

Continuando:

Análises de Dependência	Análises de Interdependência
Regressão múltipla	Análise de componentes principais
Regressão logística	Análise fatorial
Análise discriminante	Análise de clusters
Análise de variância multivariada	Análise loglinear

Fonte: Hill e Hill (2009, p. 207)

Figura 6: Técnicas Multivariadas

6.1 Unindo conceitos: Neuroeconomia e Métodos Quantitativos

Apresentar-se-á neste tópico alguns fenômenos explicados pela Neuroeconomia, teoria das decisões e das emoções. Alguns pontos podem soar como negativos ou apresentarem aparente falta de humildade. Mas, na verdade, não é assim. Os pontos antagônicos aqui expostos se configuram como uma quebra de paradigmas, não sendo possível fazer uma apresentação sem tocar nas críticas aos modelos tradicionais.

Os métodos quantitativos, tal como outrora, deram margem à teoria neoclássica para se desenvolver em termos científicos e mercadológicos. Agora permitem a outras abordagens econômicas alternativas (como a Neuroeconomia), obter a mesma credibilidade e praticidade em termos de pesquisa científica, permitindo aos agentes econômicos usufruir destas pesquisas que, em suma, permitem tomar decisões mais confiáveis.

Antes de um aprofundamento acerca da utilidade dos métodos quantitativos, retoma-se a definição de Neuroeconomia, com o intuito de fixar os conceitos inerentes.

Viu-se anteriormente que a Neuroeconomia tem chamado a atenção tanto de cientistas como dos profissionais de mercado. Este modelo interpreta os atos econômicos com base em um arcabouço teórico multidisciplinar envolvendo áreas do conhecimento que vão além da ciência econômica como é o caso da medicina, da psicologia, da física ou da química, por exemplo. Para Camerer, Loewenstein e Prelec (2005, p. 01), nas últimas duas décadas, após quase um século de separação, a economia começou a importar ideias da psicologia. "Economia comportamental" é agora uma figura de destaque no cenário intelectual. Esta abordagem prima por testes de laboratórios praticados principalmente por meio da IRMf (Imagem de Ressonância Magnética Funcional) e pela TAC (Tomografia Axial Computadorizada). Estes testes buscam indicar por meio de uma consistente análise do cérebro como o ser humano reage diante de determinadas situações econômicas.

De forma genérica, a Neuroeconomia veio contribuir para a formalização, experimentação e contestação de teorias já amplamente utilizadas no mundo acadêmico e para o surgimento e propagação da abordagem empírica relativas às análises em economia, apresentando o homem como ser econômico, de uma forma como nunca antes foi vista na ciência econômica. Um bom exemplo em que a junção de métodos quantitativos se enquadra bem no contexto é o da "ancoragem", em que as pessoas são expostas a informações arbitrárias como taxas de juros, preços e demais índices financeiros, ou seja, os resultados indicam que as pessoas podem não saber muito sobre um objeto ou uma categoria, mas elas podem ser influenciadas por algumas, até mesmo arbitrárias, as âncoras, o que afeta as suas características de previsão relacionadas com os resultados futuros (veja Kudryavtsev et al., 2012, p. 01). Portanto, esta nova abordagem sobre a análise econômica surge como uma inovação que quebra o paradigma existente em relação ao próprio conceito de análise em economia, permitindo tanto à comunidade científica quanto ao mercado, almejar resultados mais próximos da "realidade". Isto poderá representar, com efeito, a ruptura com a economia ortodoxa e o surgimento de uma nova era para a economia.

Muitos artigos e livros sobre modelos alternativos à economia ortodoxa vêm sendo sistematicamente lançados no mercado editorial, constituídos de conteúdos interessantes baseados em testes laboratoriais com pessoas e animais. Todos eles provam que o homem é "previsivelmente irracional" na tomada de decisão em sua vida econômica. Contudo muitos destes estudos pecam por não terem validade estatística, para que seus resultados sejam extrapolados dos casos específicos para os casos gerais. Além disto, de forma secundária, a própria coleta de dados é posta em cheque. Desta forma pode-se dizer que a utilização dos métodos quantitativos como apoio à tomada de decisão pode desempenhar um papel importante no desenvolvimento das novas abordagens teóricas como é o caso da Neuroeconomia.

6.2 Modelos em Neuroeconomia

6.2.1 Questões Gerais

Nos últimos anos se viu o crescimento substancial da Neuroeconomia em todos os âmbitos, mas principalmente no que diz respeito ao número de estudos levados a cabo com o tema da Neuroeconomia. O número de artigos contendo a palavra Neuroeconomia cresceu de praticamente zero em 2000 para cerca de 900 por ano em 2009 e 2010. A grande mídia encontrou no conceito de Neuroeconomia um tema fascinante para seus debates em artigos dos seus principais jornais e revistas (veja Dean, 2012, p. 1).

Com o advento da Neuroeconomia fica em evidência a busca por soluções em termos de criação de modelos econômicos. É possível encontrar uma gama de dados com as técnicas de pesquisas cerebrais, por exemplo, os dados gerados com a RMf, o EEG, o *Eye Tracking*, o *Face Reading*, entre outros. Apesar disto, ainda poucos avanços em termos de modelagem neuroeconômica foram possíveis de apresentação (veja Dean, 2012, p. 2). Com efeito, a Neuroeconomia tem um enorme potencial que será, com certeza, efetivado assim que uma linguagem conceptual seja demarcada e se crie um corpo metodológico estruturado e comum aos diversos desenvolvimentos nesta área.

Autores como Glimcher (2003), Camerer, Loewenstein e Prelec (2005) têm promovido a Neuroeconomia a um patamar elevado, graças à considerável investigação nesta área, nomeadamente através da aplicação de técnicas que propiciam resultados interessantes.

Mas, antes, reflitamos sobre o conceito de modelo. Devido à enorme complexidade do mundo real, os economistas para sintetizar suas análises e "ampliar" sua capacidade analítica desenvolveram representações da realidade utilizando para isso diversas suposições. Segundo Sandroni (2007, p. 558), os modelos primam por expor somente as variáveis mais importantes.

A busca por modelos Neuroeconômicos não consiste de forma alguma em uma tarefa fácil. A sua estrutura é formada pela complexidade analítica, em que a maior parte dos modelos deriva de variáveis latentes. Além disso, a Neuroeconomia é uma ferramenta interdisciplinar (veja Dean, 2012, p. 2). Realmente as críticas são bem fundamentadas e devem ser respeitadas. Afinal, estudar o cérebro é muito complexo, sendo as variáveis como a correlação entre ativações de determinadas áreas e os resultados econômicos, por exemplo, variáveis latentes.

O caráter multidisciplinar da Neuroeconomia está bem patente na questão de decidir qual/quais dos valores se deverá/deverão escolher considerando as diversas ciências que são chamadas a dar apoio, isto é, os da neurociência, os da economia, os da psicologia, os da biologia, e assim por diante.

Algumas propostas têm sido levadas a cabo. É o caso, por exemplo, dos modelos baseados em axiomas (veja Dean, 2012, p. 40 e Caplin e Dean, 2007, p. 1). Os modelos axiomáticos têm, com efeito, sido defendidos por alguns autores. Permitem, por exemplo, a definição de variáveis que não podem diretamente ser observadas na realidade; possibilitam a identificação dos valores específicos de variáveis compostas através de variáveis observadas, típicas da Neuroeconomia. De acordo com Caplin e Dean (2007) a principal inovação resultante do desenvolvimento da Neuroeconomia tem a ver precisamente com utilização da metodologia axiomática *standard* a esta área pouco estandardizada. Esta utilização permite com efeito eliminar qualquer confusão de linguagem definindo diretamente para o efeito os conceitos em termos das "contrapartes empíricas" (veja Caplin e Dean, 2007).

Tentemos esclarecer a noção de axioma neste contexto. Os axiomas são proposições apriorísticas sobre um objeto de estudo. Um bom exemplo é/são o(s) axioma(s) da preferência, que serve(m) de base para a formação da demanda do consumidor. Os consumidores agiriam racionalmente e de acordo com certos axiomas que, combinados, formam a teoria do comportamento do consumidor. Por exemplo, o axioma chamado axioma da completude[1] refere que o consumidor indica todas as suas combinações de bens com base em suas preferências (veja Sandroni, 2007, p. 54). Um exemplo interessante — porque tem a ver com as nossas noções primárias da contagem e operações elementares — vem da matemática. Este exemplo diz respeito aos axiomas de Peano (ou dos números naturais), que passamos a enumerar:

- ✓ Zero é um número;
- ✓ Se *a* é um número, então seu sucessor é um número chamado S(*a*);

---

[1] *Completness*.

- ✓ Zero não é o sucessor de um número;
- ✓ Não existem dois números com o mesmo sucessor;
- ✓ Se uma propriedade é verificada por zero, e sendo verificada por um número é também verificada pelo seu sucessor, então todos os números verificam essa propriedade.

6.2.2 Um Modelo para o Sistema Dopaminérgico

Em Neuroeconomia, devido ao complexo sistema que envolve o funcionamento do cérebro conducente à tomada de decisões, os modelos que são baseados em axiomas têm-se apresentado como uma boa opção para o desenvolvimento de pesquisas nesta área. Entretanto ainda é cedo para saber sobre as possibilidades reais deste tipo de metodologia.

Veja-se a propósito desta problemática, um exemplo muito interessante sobre o método axiomático aplicado num estudo sobre o sistema dopaminérgico que permite proceder a uma análise das várias situações resultantes de pesquisa neste campo. Alguns estudos em Neuroeconomia permitem relacionar a liberação de dopamina aquando da existência de estímulos externos, isto é, o fato de que, ao esperar a recompensa proporcionada por um estímulo, também é liberada dopamina no organismo. Para Caplin e Dean (2007, p. 17) essa abordagem, ao fornecer evidências convincentes de que a dopamina é digna de um estudo mais aprofundado, não é, no entanto, a melhor maneira de testar a hipótese dopaminérgica. Para o comprovar, os autores aplicaram o que chamam de "modelos axiomáticos em Neuroeconomia".

Para descrever o modelo de RPE (*Reward Prediction Error*) e sua base axiomática, definem alguns termos base como:

- ✓ Prêmio: uma das recompensas que o tomador de decisões pode receber quando a incerteza é resolvida.
- ✓ Loteria: a distribuição de probabilidade dos prêmios.
- ✓ Espaço de Resultados: o conjunto de prêmios que se pode, potencialmente, receber a partir de um sorteio e respectivas probabilidades

Chama-se Loteria Degenerada a loteria com uma probabilidade de 100% de ganhar um único prêmio.

Caplin e Dean (2007) desenvolvem a hipótese de DRPE (*Dopamine Reward Prediction Error*) para uma situação para a qual as probabilidades são objetivas e as respostas dopaminérgicas resultam de realizações de loterias sobre os prêmios finais.

Para modelar uma situação como a que pretendemos analisar, os autores consideram um cenário em que um determinado agente é dotado ou escolhe uma loteria específica para a qual há um prêmio em jogo. O ato inicial de escolha entre loterias é observado assim como a resposta dopaminérgica quando o prêmio sai. A definição 1 estabelece os vários conjuntos de prêmio e loteria estudados no modelo assim como a medida idealizada da taxa de resposta de dopamina.

Temos então:

Definição 1

O conjunto de prêmios é um espaço métrico compacto[2],[3] Z com elemento genérico $z \in Z$. O conjunto de todas as loterias simples (loterias com espaço de resultados finito) mais Z é denotada Λ, com elemento genérico $p \in \Lambda$. Definimos $e_z \in \Lambda$ como a loteria degenerada que atribui probabilidade 1 para um prêmio $z \in Z$ e o conjunto $\Lambda(z)$, o conjunto de todas as loterias com prêmio z no seu espaço de resultados,

$$\Lambda(z) = \{p \in \Lambda | p_z > 0\} \quad (23)$$

A função $\delta(z,p)$ definida em $M = \{(z,p) | z \in Z, p \in \Lambda(z)\}$ identifica a função do órgão relativamente à liberação de dopamina, $\delta : M \to \mathbb{R}$. A função δ corresponde à função de resposta de dopamina[4] idealizada (DRF).

A hipótese de erro de previsão de recompensa dopaminérgica (DRPE) depende da existência de uma função para definir a recompensa "esperada" e a "experimentada" associadas ao recebimento de cada possível prêmio de qualquer loteria dada. Supondo, como é óbvio, que a recompensa esperada de uma

---

[2] Chama-se espaço métrico a um espaço matemático em que está definida uma distância d com as seguintes propriedades:

d(z,z)=0

d(z,w)=d(w,z)

d(z,w)≤d(z,x) + d(x,w) (desigualdade triangular),

quaisquer que sejam x,w,z pertencentes ao espaço.

[3] Um espaço matemático diz-se compacto se qualquer sucessão infinita de pontos do espaço pode eventualmente tornar-se arbitrariamente próxima de algum elemento do espaço.

[4] DRF — dopamine response function.

loteria degenerada é igual à recompensa experimentada desse prêmio, o que se procura é uma função de recompensa dopaminérgica $r: \Lambda \to \mathbb{R}$, que define tanto a recompensa esperada associada a cada loteria como a recompensa experimentada associada a cada prêmio. Um pressuposto básico é que esta função de recompensa contém toda a informação que determina a liberação de dopamina.

Definição 2

Uma função $r: \Lambda \to \mathbb{R}$ representa integralmente uma função DRF $\delta: M \to \mathbb{R}$ se existe uma função E: $r(Z) \times r(\Lambda) \to \mathbb{R}$, tal que, dado $(z,p) \in M$ $\delta(z,p) = $ E $(r(e_z)\ r(p))$, em que $r(Z)$ representa todos os valores $r(e_z)$ ao longo das loterias degeneradas, e $r(\Lambda)$ identifica o intervalo que percorre todas as loterias. Neste caso, diz-se que r e E representam o DRF.

A função de "loteria degenerada" é [5],

$$r(Z) = \{r(p) \in \mathbb{R} | p = e_z, z \in Z\} \qquad (24)$$

Mais detalhadamente,

Definição 3

A função de liberação de dopamina $\delta: M \to \mathbb{R}$, admite um erro de previsão de recompensa dopaminérgica (DRPE) se existe uma função de recompensa $r: \Lambda \to \mathbb{R}$ e uma função $E: r(Z) \times r(\Lambda) \to \mathbb{R}$ que

✓ Representem a DRF:

$$(z,p) \in M \Rightarrow \delta(z,p) = E(r(e_z), r(p)) \qquad (25).$$

---

[5] Em Matemática é designada função indicatriz.

✓ Respeitem o domínio dopaminérgico:

E é estritamente crescente em seu primeiro argumento e estritamente decrescente em seu segundo argumento.

✓ Satisfaçam a propriedade da constância da surpresa:

$$x, y \in r(Z) \Rightarrow E(x,x) = E(y,y) \quad (26).$$

Há 3 axiomas que, numa abordagem de bom senso, são necessários para que $\delta : M \to \mathbb{R}$ admita um DRPE:

✓ O primeiro assegura a coerência entre as respostas dopaminérgicas e os prêmios: se um prêmio é uma surpresa mais positiva do que outro, quando recebido de alguma loteria, então isso acontece para qualquer outra loteria.

✓ O segundo é uma condição análoga no que diz respeito às loterias: se um resultado **z** conduz a uma maior liberação de dopamina quanto obtido de uma dada loteria do que de outra, o mesmo deve ser verdadeiro para qualquer outro resultado que esteja no espaço de resultados de ambas as loterias.

✓ O terceiro caracteriza a função de dopamina como tendo valor equivalente ao longo da bissetriz dos quadrantes ímpares, que são:

Axioma 1 (A_1: Coerência de Dominância de Prêmio)

$$(z,p), (z',p), (z',p'), (z,p') \in M \Rightarrow (\delta(z,p) > \delta(z',p) \Rightarrow \delta(z,p') > \delta(z',p')) \quad (27).$$

Axioma 2 (A_2: Coerência de Dominância de Loteria)

$$(z,p),(z',p'),(z',p),(z,p') \in M \Rightarrow (\delta(z,p) > \delta(z,p') \Rightarrow \delta(z',p) > \delta(z',p')) \quad (28).$$

Axioma 3 (A_3: Equivalência da Não Surpresa)

$$z, z' \in Z \Rightarrow \delta(z', e_{z'}) = \delta(z, e_z) \quad (29).$$

Embora necessários, os 3 axiomas referidos não são suficientes para uma representação da DRPE, devido ao fato de o domínio da função dopamina diferir ao longo do espaço dos prêmios. Estas diferenças de domínio permitem que A_1, A_2 e A_3 sejam consistentes com os ciclos de aparente dominância dopaminérgica, e com outras condições inconsistentes com o DRPE (veja Caplin e Dean, 2007). Nesse artigo, os autores referem que as seguintes condições de continuidade são suficientes para estabelecer a viabilidade da representação:

Axioma 4 (A_4: Continuidade Uniforme)

A função $\delta: M \to \mathbb{R}$ é uniformemente contínua na topologia adequada.

Axioma 5 (A_5: Separação)

$$\delta(z,p) \neq \delta(z',p) \Rightarrow \inf_{\{p' \in \hat{E}; (z,p'),(z',p') \in M\}} \left| \delta(z,p') - \delta(z',p') \right| > 0 \quad (30).$$

Teorema

Se se verificam A_4 e A_5, a DRF $\delta: M \to \mathbb{R}$ admite uma representação DRPE se e só se satisfaz A_1, A_2 e A_3.

6.2.3 Neuroprobabilidade

Andrade et al. (2013) apresentam um modelo na área da Teoria da Probabilidade, cuja chave é o conceito de neuroprobabilidade. Este conceito tem a ver com o modo como se forma e interpreta a probabilidade, não necessariamente através da coleção e tratamento de dados, mas também através de estímulos interpretados pelo cérebro em situações análogas às da Neuroeconomia.

O modelo é ilustrado e desenvolvido tendo por base os processos de decisão usuais nos tribunais, sobretudo dependentes da formação de convicção e não apenas da interpretação das evidências.

Comecemos então por ver os fundamentos da Teoria Matemática da Probabilidade.

A teoria das probabilidades é uma poderosa ferramenta para modelar o comportamento humano, racional, neste contexto. Assim, é importante apresentar as suas bases. Considerando uma transcrição — em linguagem comum — da construção teórica de Kolmogorov (1956), é usual considerar o espaço de probabilidade (Ω, A, P) em que:

- ✓ Ω é um espaço fundamental não vazio — geralmente denominado espaço de resultados — composto por acontecimentos elementares $w_i \in \Omega$.

- ✓ A é uma família de subconjuntos Ω não vazios, fechado para as usuais operações Booleanas. Estes conjuntos $\{A \in A\}$ são entidades para as quais é possível associar um número real não negativo, isto é, uma probabilidade.

- ✓ P é uma função aditiva cujo domínio é A, tal que:

    Se $A \cap B = \emptyset$ então $P(A \cup B) = P(A) + P(B)$.

Kolmogorov (1956) também generalizou a propriedade aditiva para espaços não finitos (Ω), dotado de álgebras não finitas (A), mas contrariamente ao que tinha sido dito ele não avançou da estrutura de álgebra para uma estrutura de σ- álgebra. Para forçar uma estrutura A de subconjuntos de Ω a serem fechados para operações de conjuntos num número não finito leva a algumas pequenas monstruosidades que o observador não é capaz de identificar.

É necessário ter algum cuidado com a generalização da propriedade aditiva para espaços não finitos, dotados de álgebras não finitas. A atitude mais comum consiste em impor a A uma estrutura de σ-álgebra e substituir o último axioma de Kolmogorov pela aditividade generalizada. Na verdade, isso não foi seguido por Kolmogorov. Ele acrescentou um sexto axioma:

Axioma da Continuidade

Considerando $A_1 \supset A_2 \supset ... A_n \supset ...$ e $\bigcap_n A_n = \emptyset$ então $\lim_n P(A_n) = 0$. ∎

Kolmogorov também acrescentou o teorema:

Teorema

Se $A_1, ..., A_n, ...$ e $A \in A$ e $A_i \cap A_j = \emptyset$, $i \neq j$ com $A = \bigcup_{i=1}^{\infty} A_i$ então $P(A) = \sum_{i=1}^{\infty} P(A_i)$ ∎,

cuja demonstração resulta da aceitação do axioma de continuidade.

Tendo em conta as considerações feitas anteriormente, pode-se avançar considerando $A_1, A_2, ..., A_m$ uma partição finita ou não finita de Ω com

$$P(A_i) > 0, A_i \cap A_j = \emptyset, i \neq j, \bigcup_i A_i = \Omega.$$

Dado qualquer outro evento **B**, com $P(B) > 0$, é fácil constatar a decomposição de **B** como a união de conjuntos disjuntos

$$B = \bigcup_i (A_i \cap B).$$

Consequentemente, assumindo para o presente caso a aditividade da função **P** e a definição de probabilidade condicional, tem-se

$$P(B) = \sum_i P(A_i \cap B) = \sum_i P(B|A_i)P(A_i)$$

Então,

$$P(A_i \cap B) = P(B|A_i)P(A_i) = P(A_i|B)P(B)$$

e fazendo $P(A_i|B)$ tem-se:

Teorema de Bayes (também chamado de Lei de Bayes)

Nota:
$$P(A_i|B) = \frac{P(B|A_i)P(A_i)}{P(B)} = \frac{P(B|A_i)P(A_i)}{\sum_i P(B|A_i)P(A_i)}. \blacksquare$$

Considerando

$$A_i, i = 1, 2, ..., m,$$

como m hipóteses

$$H_i, i = 1, 2, ..., m,$$

e B como dados, sendo I a informação inicial, Jaynes (1995) apresenta o Teorema de Bayes de uma forma diferente:

$$P(H_i|Data, I) = \frac{P(Data|H_i, I)P(H_i, I)}{\sum_i P(Data|H_i, I)P(H_i, I)} \quad (31)$$

Em cada caso o juiz ou júri (no caso estudado em Andrade et al., 2013) deve, necessariamente, tomar uma decisão — princípio de *Non Liquet*. Embora seja um problema de decisão, pode não ser entendido, estudado e resolvido através das metodologias apresentadas na Teoria da Decisão.

Nesse contexto, em que há sempre uma decisão, não é adequado usar as "ferramentas" da Teoria da Decisão, que são baseadas numa abordagem utilitarista das diferentes possibilidades — embora haja também seguidores da Teoria Utilitarista entre os teóricos na área do Direito.

Relativamente a esta matéria, pode-se dizer que há um acordo no campo do Direito de forma que a tarefa que o juiz tem à frente seja a seguinte: encontrar uma decisão, uma solução, baseada na lei (veja Engisch, 2001). Perelman (1990) também afirma que a lei como realmente funciona é essencialmente um problema de decisão: o legislador deve decidir quais leis são obrigatórias numa comunidade organizada; o juiz deve decidir o que é certo em cada situação vinda a julgamento (veja Perelman, 1990). Também Larenz (1997) refere que a tarefa do juiz é determinar legalmente situações factuais que tenham ocorrido e que podem aí apenas ser imaginadas.

A Estatística imediatamente sugere uma relação quantitativa com o fenômeno em estudo. O Direito, usando a argumentação, as leis e as decisões, é levado a seguir os contornos das leis e a consciência do "decisor", apresenta por sua vez um tratamento mais qualitativo relativamente aos temas em causa. Contudo, existem interesses comuns entre a Estatística e o Direito. Na verdade, não se pretende encontrar um algoritmo ou fórmula final para o problema em questão, mas antes procurar elementos comuns, percebendo que os problemas que ambos tratam são, muitas vezes e de muitas maneiras, idênticos. Embora as abordagens sejam diferentes, em geral o interesse comum é lidar com a interpretação de provas.

A pergunta a que o juiz tem de responder é: com a apresentação do caso, qual é a probabilidade calculada *a posteriori*, fórmula (31), dos fatos terem existido com base nas evidências apresentadas? O juiz deve avaliar as provas apresentadas e os argumentos das diferentes partes, defesa e acusação, argumentando sobre os cenários em causa. Baseado no caso exposto, usando uma análise reflexiva sobre a situação em apreço e devidamente fundamentada, nomeadamente por vezes também em sua experiência, o juiz chega a uma convicção e decide. Como é sabido, a missão do juiz é zelar pela justiça, e como tal as decisões devem ser justificadas e fundamentadas, de forma a que isso permita que toda a gente possa entender as razões subjacentes a qualquer decisão. É importante mencionar que, para realizar uma condenação, o juiz faz uso de clausulado legal e de razões com fundamentação não simplesmente baseadas em leis.

"Os interlocutores com o juiz podem basear as suas argumentações em todas as regras de direito e nos procedimentos disponíveis para o processo; e o juiz não pode recusá-los sob pena de ser acusado de violação da lei. É de acordo com as regras que o juiz deve apoiar a sua sentença, de modo a obter o consentimento de seus colegas e superiores e a opinião dos juristas, proferindo uma decisão de acordo com a Lei. É sabido que todo o sistema de lei contém não só as normas legais como um conjunto de elementos de incerteza, o que dá ao juiz liberdade suficiente e depende de ambos os elementos (normas e incerteza) a convicção interior do juiz sobre o apuramento dos fatos, na qual a personalidade dos juízes sempre desempenha um papel importante, por vezes limitado, mas também muitas vezes decisivo no processo de decisão e seu resultado" (veja Perelman, 1990).

Reconhecendo o poder de decisão do juiz que se manifesta através da parte subjetiva, ressalta que este poder não é arbitrário, ou seja, não é um poder despótico ou opcional, que o juiz pode usar sem controle, uma vez que todas as decisões devem ser fundamentadas. O juiz apenas pode se sentir legitimado, quando é confrontado em seu cargo (função) e consciência e quando sua decisão também se fundamenta no direito, o que significa resultar dele (veja a este propósito Engisch, 2001).

Assim, é defensável concordar que a lei opera na tomada de decisão, o que não é contrário à razão, sempre que isso seja justificado por um argumento reconhecido como válido. É verdade que as conclusões oriundas dos argumentos poderão não ser convincentes e com isso poderem não estar de acordo com todas as convicções.

O argumento com base nas provas apresentadas pode permitir influenciar a direção da decisão, apoiada por argumentos mais convincentes, mas não é a única via em situações concretas. Outro tipo de "razões" pode ser qualificado de "não-razões". Um determinado estímulo pode influenciar tanto a convicção inicial do juiz ou a apreciação final, depois de conciliar essa convicção com a apreciação das provas. Aspectos culturais, preconceitos, educação, convicções podem-se juntar ou até mesmo substituir o cálculo de probabilidades e os aspectos legais na construção da decisão. E mesmo a apreciação de um número (probabilidade) pelos juízes pode diferir de uns para outros, de acordo com esses fatores.

Esse mecanismo de criação de crença pode ser interpretado como a substituição do cálculo da probabilidade pela consideração de uma probabilidade construída a partir de um neuroestímulo: a assim chamada neuroprobabilidade.

O significado filosófico do conceito de probabilidade originou ideias muito diferentes. Consequentemente, num momento inicial, quatro principais correntes de interpretação surgiram. Em Gillies (2000), essas interpretações podem ser assim resumidas:

- ✓ **Teoria de lógica** — que identifica probabilidade com um razoável grau de incerteza. Considera que perante a mesma evidência todos os seres humanos (racionais) têm a mesma crença numa determinada hipótese.

- ✓ **Teoria subjetiva** — que identifica probabilidade com um grau de crença de que cada indivíduo tem uma determinada hipótese. É permitida a diferença de opinião entre indivíduos diferentes.

- ✓ **Teoria de frequência** — que define probabilidade como o "limite" de proporção de sucessos numa sequência de experiências.

- ✓ **Teoria de propensão** — para a qual a probabilidade é uma propensão inerente dentro de um conjunto de condições repetíveis — reais ou virtuais. Entre aqueles que defendem a teoria lógica de probabilidade encontra-se John Maynard Keynes que ressaltou seu aspecto mais filosófico, para quem a probabilidade é definida como o grau de causalidade parcial (a probabilidade é o grau de acarretamento parcial). Ramsey e de Finetti, foram os precursores das ideias relativas à teoria subjetiva da probabilidade, durante a década de 1920 e depois. A teoria frequentista inicialmente seguida por Ellis e Venn foi desenvolvida mais tarde por Reichenbach e von Mises, dois pensadores estreitamente ligados ao Círculo de Viena. A teoria da propensão foi introduzida por Karl Popper em 1957 e mais tarde desenvolvida e explicada em seus trabalhos em 1983 e 1990.

Durante a discussão histórica, diferentes abordagens do conceito surgiram. No entanto, uma classificação sistemática não se consolidou. O "Ecumenismo" reflete-se na divisão do trabalho: para Frequencistas as críticas (o modelo é adequado?), para Bayseanos a estimação (se o modelo é adequado então se estimemos parâmetros!) (veja Murteira, 1988).

Em 1994, Gillies (2000) propõe dividir as interpretações da probabilidade em objetivas e epistemológicas. As interpretações objetivas consideram a probabilidade como uma propriedade do mundo material, onde o conhecimento humano através da observação vai quantificar a incerteza, isto é, a incerteza é na natureza. As interpretações epistemológicas concebem probabilidade como a relacionada com o grau de crença ou conhecimento do ser humano. Segundo esta perspectiva a probabilidade mede o grau de conhecimento ou crença de cada indivíduo, movendo-se a incerteza para o observador de perspectiva/fenômeno.

Estas duas concepções de probabilidade descrevem as abordagens racionais para a apreciação de eventos aleatórios. A ênfase aqui é sobre o que está além desta racionalidade, mesmo quando as pessoas pensam que estão a agir racionalmente. Na verdade, o ambiente — tempo, local, mental, ... — influencia o comportamento de qualquer indivíduo, não necessariamente naquilo que é chamado de "modo racional".

Na tradição romana Janus era o Deus que deu o seu nome ao mês de Janeiro. Este Deus dos primórdios tinha dois lados em sua representação — talvez um olhando para o passado e o outro olhando para o futuro. Desde meados do século XIX, com Poisson, Cournot e Ellis, são mencionados os dois lados da probabilidade. Hacking em 1975 chama-lhes as duas faces de Janus: "…probability… is Janus-faced". De um lado a questão é estatística, dotando-a de leis estocásticas nos jogos de sorte/azar. Por outro lado é epistemológica, avaliando graus razoáveis de crença em proposições completamente desprovidas de bases estatísticas (veja Gillies, 2000).

Esta linha de análise permite que o termo "third face of Janus" descreva a interpretação e a avaliação das probabilidades sujeitas ao neuroestímulo, a Neuroprobabilidade, que influencia o processo de decisão.

A interpretação do conceito de probabilidade é ainda um assunto de intenso debate. Parece, no entanto, que, na essência, a grande questão reside na distinção entre interpretação objetiva e interpretação epistemológica da probabilidade.

O que se regista é que as diferentes abordagens relativas à incerteza deixam antever estas duas interpretações conflituantes. Além destas interpretações e das suas propostas consequentes em termos de comportamento deve-se considerar, neste contexto, a "terceira face de Janus" caracterizando o comportamento.

A incerteza está na natureza e a repetição é o mecanismo usado para a determinar, defendem os objetivistas. Mas se isso for aceito, de seguida, haverá todos os dias muitos problemas sem resposta, para que não se incorra em contradição. A avaliação da incerteza é garantida pelo observador da natureza numa abordagem epistemológica, que não dá uma espécie de "receita", mas abre a perspectiva de subjetividade e uma certa pluralidade de mecanismos.

Por um lado, a corrente objetivista defende a repetibilidade no que diz respeito à probabilidade, por outro, a corrente epistemológica procura estabelecer acordos na procura de um alargamento do conceito.

A escola subjetivista, rejeitando o caráter essencial da teoria frequencista, não rejeita que isso seja considerado num processo que permita "repetição" e a análise de frequências como elemento de informação no processo.

Embora esta seja uma forma tolerante de abordagem, é também uma proposta aglutinante, reconhecendo a viabilidade do processo, a análise de frequências, retirando-lhe a autonomia como corrente assim como a sua coerência. A análise de frequências pode ser, entre outros, um elemento de informação, mas mais do que isso, pode ser considerada um caso particular, que só está disponível para um número limitado de casos. Pode fornecer informações em alguns casos, e, portanto, pode ser incluída na sua avaliação.

A "repetição" não é fundamental para a Neuroprobabilidade. Um único estímulo pode ser determinante na construção da convicção da decisão. Embora não se rejeite, não é essencial. Este fato diferencia definitivamente este conceito de probabilidade dos outros.

Em teorias filosóficas de probabilidade, Gillies (2000) descreve várias teorias e seu significado filosófico, prosseguindo com uma proposta. Gillies (2000) defende uma visão pluralista da probabilidade e admite adotar a objetivista ou a da corrente epistemológica, dependendo do tipo de fenômeno ou processo em estudo, portanto, tentando conciliar os conceitos e suas próprias decisões práticas diárias nos mais diversos problemas.

Se se pretender tornar a probabilidade verdadeiramente um instrumento operacional nas mais diversas áreas como a dos jogos de sorte, da física, da quântica ou da área determinística, ou mesmo das ciências sociais, é importante chegar à operacionalização dos conceitos e sua relação com as metodologias específicas nas diferentes áreas de aplicação, de forma a que os fins possam ser alcançados. Parece adequado considerar que certos fenômenos existem *per si* independentemente do observador e que outros existem apenas se observados, então por que não adotar abordagens diferentes em diferentes situações?

A Neuroprobabilidade não pode ser considerada um conceito operacional. Só se pode influenciá-lo, tentando encontrar o neuroestímulo adequado, havendo muitos exemplos nos discursos nas alegações finais.

As primeiras reflexões relativas ao conceito de probabilidade começaram com os jogos de sorte. Assim, permitiu-se uma abordagem mais simplificada. O surgimento de diferentes abordagens, de diferentes escolas e o debate gerado sugerem que diferentes cenários permitem abordagens diferentes. Na abordagem levada a cabo em Andrade et al. (2013) é preferida uma perspectiva epistemológica subjetiva, mas não é rejeitado de forma alguma que para certos fenômenos possa ser seguida um abordagem diferente. Admite-se uma atitude conciliatória em vez de se deixar muitos problemas sem resposta. Reafirmando as duas faces de Janus para a probabilidade, é necessário considerá-las quando se menciona a probabilidade, em termos teóricos e quando dizem respeito a aplicações práticas. Mas claro que é imperativo notar que a Neuroprobabilidade está sempre presente, independente da nossa vontade. Daí considerar-se "a terceira face de Janus".

Após termos apresentado dois modelos, um no âmbito da análise matemática, outro no âmbito da probabilidade, vamos, no ponto seguinte, apresentar um outro modelo, de âmbito estatístico.

Desta forma, iremos usar neste momento um modelo que permite utilizar ferramentas da estatística com o objetivo de modelar o processo de tomada de decisão. Ver-se-á mais tarde que neste estudo se tenta um modelo de regressão logística em que a predição das variáveis dependentes seriam função da idade e do sexo. No entanto, resultou da aplicação do modelo que o sexo e a idade não eram boas variáveis preditivas. No final, veremos como, a partir quer da análise destes modelos quer das aplicações feitas, é possível tirar ilações que nos permitem concluir sobre o seu interesse na explicação e da determinação de relações causa-efeito, com interesse no âmbito do estudo que estamos levando a cabo, relativamente à área da Neuroeconomia e da sua aplicação ao setor elétrico.

6.2.4. Modelação neuroeconômica da tomada de decisão

A Neuroeconomia tem à sua disposição ferramentas que permitem a análise das questões que dizem respeito à vertente biológica do comportamento dos decisores econômicos.

Os estudos clássicos na literatura econômica evidenciam que os humanos são seres capazes de otimizar seus resultados por meio de estratégias racionais aquando da interação com os objetos econômicos. A teoria ortodoxa, baseada nos modelos racionais, salienta que as decisões de longo prazo propiciam a otimização das decisões.

Mas uma série de estudos nesta área realça que a emoção se constitui como um importante componente do processo de decisão (veja Renvoisé e Morin, 2009 ou Damásio, 2010, por exemplo). Segundo Ekman (2010, p. 1), como já referimos atrás, existem basicamente seis emoções: alegria, surpresa, medo, raiva, nojo, tristeza.

Em tese, quando um indivíduo recebe um estímulo decide de forma inconsciente entre lutar ou fugir, ver uma oportunidade ou uma ameaça, ter dor ou prazer, ter recompensa ou punição. Dependendo da situação específica, uma emoção será desencadeada, isto é: um bom ambiente teoricamente gera alegria ou surpresa positiva; uma situação negativa, nesta lógica, gera emoções negativas como raiva e nojo, por exemplo.

Para efeitos de estudo, considere-se a questão referente ao conceito de recompensa e punição. Recompensa é a reação específica de aproximação que um organismo tem perante qualquer estímulo; punição é um estímulo específico de fuga ou renitência que um organismo vivo tem perante um estímulo.

Aproximar (gostar, aceitar etc.) e evitar (desgostar, rejeitar etc.) são duas diferentes, independentes e concomitantes avaliações efetuadas por diferentes sistemas neuronais, que influenciam qualquer tomada de decisão acerca de aceitar ou rejeitar uma dada ação, a, como adaptativa. Uma possível avaliação é a utilidade esperada $e(a)$ de a. Concomitantemente, teremos também o risco de a: $r(a)$. É importante salientar que aqui o risco é definido como medida de uma possível ameaça à sobrevivência e não como uma medida dependendo sobretudo da incerteza de um resultado. O conflito $c(a)$ sobre a decisão acerca de a é uma consequência da avaliação cumulativa de $e(a)$ e $r(a)$ e determina a utilidade $u(a)$ associada à decisão acerca de a (Berridge, 2003, Graeff, 2004; LeDoux, 1996; Pankseep, 1998, Rolls, 1999).

Os conflitos criados por respostas socioemocionais e controle cognitivo em dilemas de tomada de decisão moral foram estudados por Greene et al. (2001, 2004). Tais dilemas apresentam a seguinte estrutura:

Uma proposição P_1 introduz uma ação utilitária social avaliada em IES (*Interpersonal Emotional Space*).

Uma proposição P_2 descreve uma ação pessoal avaliada em PES (*Personal Emotional Space*).

Uma questão Q estabelece o conflito pedindo ao indivíduo para decidir se P_1 é apropriado ou não no contexto introduzido por P_2 definindo uma competição entre P_1 e P_2.

Vejamos exemplos:

O Dilema do Carro Elétrico (The Trolley Dilemma)

P_1 — Um carro elétrico depara-se com cinco pessoas que serão mortas se ele prosseguir no seu percurso atual.

P_2 — O único meio de as salvar é "fazer a agulha" para mudar o percurso do elétrico para uma linha alternativa em que ele matará apenas uma pessoa em vez das cinco.

Q — Será apropriado "fazer a agulha"?

O Dilema da Ponte Pedonal (The Foot Bridge Dilemma)

P_1 — Como ocorrido anteriormente, o carro elétrico matará cinco pessoas.

P_2 — A não ser que se empurre um estranho para ser morto e se pare o carro elétrico de forma a salvar aquelas cinco pessoas.

Q — Será apropriado empurrar o estranho?

Os organismos biológicos cobram imediatamente os ganhos por meio do sistema de recompensa ou punição cerebral. Com efeito, a Neuroeconomia disponibiliza ferramentas que permitem estudar a inter--relação entre cognição e emoção, na solução do conflito da tomada de decisão. Neste quadro, pode ser proposto que a utilidade $u(d)$ de uma tomada de decisão d seja uma função do conflito $c(P_1, P_2)$ resultante dos argumentos P_1, P_2 que sustentam d. Pode também ser assumido que $c(P_1, P_2)$ depende da utilidade esperada $e(P_i)$ de cada argumento $P_i, i = 1, 2$.

Assim, Rocha et al. (2013) decidiram usar as ferramentas da Neuroeconomia (baseando-se em aspectos emocionais, em especial nas reações de recompensa e punição) para estudar e modelar a neurodinâmica da tomada de decisão, no contexto real das eleições brasileiras. Segue-se uma apresentação do modelo proposto.

Considerando McClure et al. (2004), citados por Rocha et al. (2013), é possível modelar a discrepância entre preferências de curto prazo e de longo prazo, propondo que o valor presente descontado de uma recompensa de valor u recebida com atraso t seja dado por u para $t = 0$ e por $\beta\delta^t u$ para $t > 0$, onde $0 < \beta \leq 1$ e $0 < \delta \leq 1$.

Se a atividade β puder ser melhor descrita por um determinado fenômeno ou como parte de uma curva suave de desconto que não possa ser detectada por métodos fMRI, ou por ambos, temos um problema matemático de índole de difícil solução (veja Ainslie e Moterosso, 2004). Assim, McClure et al. (2004) propõem, numa solução de compromisso, que β seja modelada através de uma função monótona crescente do tempo, que descreve o reforço de $e(a)$, a satisfação de n gerar m, seja atrasado, calculando-se $e(P_i)$ como

$$e(P_i) = \beta_i^{(1/k_i t)} \delta_i^{n_i t} \quad (32),$$

em que $\beta_i^{(1/k_i t)}$ modela o benefício de P_i e $\delta_i^{n_i t}$ formaliza o desconto deste benefício.

A avaliação de risco proposta quer por biólogos (Graef, 2003) quer por economistas e psicólogos (Kahneman e Tversky, 1979 ou Trepel et al., 2005), leva Rocha et al. (2013) a propor que o risco $e(P_i)$ de P_i seja definido por:

$$r(P_i) = \rho_i^{k_i t} \delta_i^{n_i t} / \rho_i^{k_i t} (1 - \rho_i)^{k_i t} \quad (33).$$

em que $\rho_i^{k_i t}$ modela o risco em t de P_i e $\delta_i^{n_i t}$ formaliza o desconto do risco.

O conflito na tomada de decisão pode resultar de duas origens. Uma quando $e(P_i), r(P_i) \to 1$ durante a decisão acerca de P_i, $i = 1, 2$ quer em IES quer em PES, como é o caso da decisão de voto num referendo. A outra, $e(P_1), e(P_2) \to 1$ quando P_1 é assumido como uma ação social utilitária avaliada em IES e é uma ação pessoal avaliada em PES. Neste segundo caso, o conflito $(c(P_1) = e(P_2))$ é assumido como sendo dependente de $e(P_1), e(P_2)$; deve ser máximo se $e(P_1) = e(P_2)$, e deve ser medido no intervalo fechado [0,1].

Desta forma,

$$c(P_1, P_2) = -\big(e(P_1) + e(P_2)\big)\big(e_n(P_1) \log_2 e_n(P_1) + e_n(P_2) \log_2 e_n(P_2)\big)$$
$$e_n(P_1) = e(P_1) / \big(e(P_1) + e(P_2)\big); e_n(P_2) = e(P_2) / (e(P_1) + e(P_2)) \quad (34).$$

Uma votação envolve tantas decisões quantos os candidatos ou alternativas. No caso de um referendo, com frequência a votação requer uma decisão sobre apoiar, $e(S)$ ou $e(N)$, ou rejeitar, $r(S)$ ou $r(N)$, cada uma das soluções alternativas: votar "Sim" ou "Não". Nestas condições, o conflito $c(S), c(N)$ sobre votar "Sim" ou "Não" é calculado como

$$c(S) = -\big(e(S)) + r(S)\big)[e(S) \log_2 e(S) + r(S) \log_2 r(S)]$$
$$c(N) = -(e(N)) + r(N))[e(N) \log_2 e(N) + r(N) \log_2 r(N)] \quad , \quad (35)$$

O conflito aumenta a dificuldade da tomada de decisão que atinge o seu máximo em 0,5, precisamente quando $c(P_1, P_2) = 1; c(S) = 1; c(N) = 1$. Por conseguinte, calcula-se a utilidade $u(P_1 | P_2)$ de decidir sobre P_1 dado P_2 da seguinte forma:

$$u(P_1 | P_2) = \big(1 - c(P_1, P_2) / 2\big) \quad (42),$$

Assumindo o seu valor mínimo 0,5 se $c(P_1,P_2)=1$. Da mesma forma

$$u(Y)=(1-c(Y)/2), u(N)=\left(1-\frac{c(N)}{2}\right) \quad (36).$$

Assume-se que $u(P_i) > 0$ se $c(P_i) \to 0$ uma vez que uma decisão tem sempre de ser tomada de forma a evitar comprometer a eficiência da operacionalidade das ações na vida corrente.

A resolução do dilema na grelha de hipóteses de Greene é condicionada pelo tempo que o voluntário decide gastar da execução da experiência, mesmo sendo-lhe permitido usar todo o tempo de que necessita para decidir sobre a adequabilidade de P_1 dado P_2. É assumido que o total de conflito limita a tomada de decisão a um tempo finito, para que se evite que problemas difíceis $(u(D)=0,5)$ restrinjam o indivíduo a decisões específicas, comprometendo a sua viabilidade em termos da operacionalização eficiente das suas ações.

A afetação do tempo máximo T_r para a tomada de decisão é proposta pela fórmula:

$$T_r(t)=T_r(t-1)-\alpha_1 c \quad (37),$$

tais que a tomada de decisão deve ocorrer, enquanto $T_r > 0$. Além disso, o conflito acumulado $a(t)$ é calculado como

$$a(t)=\alpha_2 a(t-1)+c \quad (38).$$

A probabilidade $p_t\left(P_1|P_2\right)$ de decidir no momento t sobre P_1 dado P_2 é obtida da seguinte forma

$$se\, T_r(t) > 0 \text{ então } p_t\left(P_1|P_2\right) = N(e(D)*a(t))$$
$$\text{caso contrário } p_t\left(P_1|P_2\right) = \alpha_3 P_{t-1}\left(P_1|P_2\right), (39),$$

onde α_i são constantes diferentes e n é uma função normalizadora que mantém $p_t\left(P_1|P_2\right)$ no intervalo $[0,1]$.

A decisão de votar é menos condicionada pelo tempo em virtude de o votante poder tomar a sua decisão a qualquer momento, antes do Dia da Eleição. Com base nisto, é proposto que

$$v(S\,ou\,N) = N\bigl(e(Sim\,ou\,Não)*u(Sim\,ou\,Não)\bigr) \qquad (40).$$

A fim de esclarecer os conceitos e a aplicabilidade deste modelo, apresentamos em seguida um experimento relativo a um referendo realizado no Brasil.

Experimento — Referendo

Em meados da década de 2000, ocorreu no Brasil um referendo nacional sobre a proibição da comercialização de armas de fogo no país. No Brasil o voto é obrigatório e a campanha eleitoral gratuita tem maior impacto na TV e na Rádio, pois abrange todo o território brasileiro. O processo de campanha eleitoral decorre durante 40 dias.

No desenvolvimento da campanha, emergiram duas alianças políticas no Congresso Brasileiro, uma favorável ao SIM (proibição do comércio de armas de fogo) e outra ao NÃO (contra a proibição do comércio de armas de fogo).

No estudo levado a cabo por Rocha et al. (2013, p. 6) apresenta-se uma descrição do experimento em questão. Foram entrevistadas 1136 pessoas, uma semana antes do referendo, com o intuito de saber dos respondentes qual é a sua intenção de voto (representada por v) e se eles poderiam mudar de opinião até ao dia da eleição. Neste caso é possível ter uma segunda opinião de voto (representada por v').

Na próxima semana, você tem que votar no referendo sobre a proibição do comércio de armas de fogo no país. Selecione uma ou mais das seguintes opções para melhor descrever a sua opinião sobre a proibição do comércio de armas de fogo no Brasil.

Eu certamente vou votar SIM (CS).	Eu certamente vou votar SIM (CS).
Provavelmente vou votar SIM (PS).	Provavelmente vou votar SIM (PS).
Certamente eu não vou votar SIM (NS).	Certamente eu não vou votar SIM (NS).
Eu ainda não decidi o meu voto (ND).	Eu ainda não decidi o meu voto (ND).
Certamente eu não vou votar NÃO (NN).	Certamente eu não vou votar NÃO (NN).
Provavelmente vou votar NÃO (PN).	Provavelmente vou votar NÃO (PN).
Eu certamente vou votar NÃO (CN).	Eu certamente vou votar NÃO (CN).
Primeira opção: Votar v.	Segunda opção: Votar v'.

Resultados

A tabela 1 mostra as percentagens observadas para cada tipo de resposta. Considerando os votos "possíveis" e "certos", o estudo mostra existir um equilíbrio entre os votos SIM e NÃO, o que se deve à semelhança dos valores das probabilidades entre p(S) de votar SIM e p(N) de votar NÃO, calculadas a partir dos que responderam v. Vejamos:

$$p(S) = p(CS) + p(PS) = 25\% + 7\% = 32\%,$$
$$p(N) = p(CN) + p(PN) = 26\% + 8\% = 34\%$$
(48).

No entanto, 14% dos voluntários forneceram uma segunda opinião mostrando que eles podem mudar de ideia no dia da eleição (voto v' na Tabela 1). Levando em conta uma possível migração de votos, as percentagens de voto final são $p''(S)$ e $p''(N)$, sendo calculadas na coluna v'' na Tabela 1. Sendo,

$$p''(S) = p(CS) + p(PS) = 31\% \, e \, p''(N) = p(PN) = 44\% \qquad (49),$$

apontando para a mesma vitória do voto em NÃO no dia da eleição.

	VOTO		
	v	v'	v''
p(CY)	0,25	0,03	0,26
p(PY)	0,07	0,01	0,05
p(NY)	0,10	0,00	0,06
p(ND)	0,19	0,00	0,17
p(NN)	0,04	0,01	0,007
p(PN)	0,06	0,04	0,10
p(CN)	0,28	0,05	0,35
	1,00	0,14	1,00

Fonte: Rocha et al. (2013, p. 10).

Tabela 1: Dados do Inquérito

Considere-se que os votos possíveis e "certos" fornecem uma medida de aceitação do voto $e(S\ ou\ N)$ de tal forma que:

$$e(S) = (p(S) / (p(S) + p(PN))) e\ e(vN) = (p(N) / (p(S) + p(PN))) \quad (50).$$

A análise da possível migração de voto mostrou que quem votou "Certamente eu não vou votar SIM (NS)" migrou para voto NÃO, enquanto que quem votou "Certamente eu não vou votar NÃO (NN)" migrou para o voto SIM. Além disso, alguns voluntários que votaram em "Eu ainda não decidi o meu voto (ND)" migraram para o voto NÃO. A probabilidade de p(NS) decresceu de 10% para 6%, p(NN) mudou de 6% para 0,7% e p(ND) baixou de 19% para 17%. Neste contexto, propõe-se que a rejeição de $r(S\ ou\ N)$ é dependente de p(NS), p(NN) e p(ND) de tal forma que:

$$\begin{aligned} r(S) &= (p(NS) / (p(NS) + p(NN) + p(ND))) e \\ r(N) &= (p(NN) / (p(NS) + p(PNN) + p(ND))) \end{aligned} \quad (51).$$

A aceitação $e(N)$ de votar NÃO foi muito semelhante ao que se encontrou em $e(S)$ de votar SIM quando v é considerado, mas após a migração, $e(N)$ torna-se maior que $e(S)$. A rejeição $r(S)$ de votar SIM foi maior que a de $r(N)$ de votar NÃO, mesmo depois da migração de votos. Note-se que, enquanto que $r(N)$ apresenta uma redução considerável, $r(S)$ manteve-se praticamente igual.

Antes da campanha eleitoral começar em Agosto de 2006, 76% dos brasileiros já se interessavam pelo referendo e 80% declararam votar SIM (veja Datafolha, 2005, citado por Rocha, 2013, p. 11). Embora a campanha não tenha atraído muita atenção, as pessoas começaram a discutir o referendo com os pais (37%) e amigos (27%) (veja IBOPE, 2005, citado por Rocha, 2013, p.11). Com a aproximação do dia da eleição, muitos votantes mudaram de opinião e a quase certa vitória do SIM resvalou para uma derrota do SIM. O resultado final do referendo foi NÃO=67% e SIM= 33%. A alta rejeição do SIM calculada acima, a partir dos dados da pesquisa, pode explicar a alta migração de votos à medida que o dia da eleição se aproximava.

Foram aqui usados os dados de aceitação e rejeição para calcular $c(S)$ e $c(N)$, usando a equação 41 e as equações 43 e 47 para calcular as probabilidades de decisão de voto Sim e Não, $v_m(S)$ e $v_m(N)$ para as duas situações: a intenção v declarada e a votação migrada v''.

A previsão da decisão de voto foi calculada a partir da aceitação de voto (equação 47) e das equações 48 e 49 e da equação 45.

Os resultados obtidos estão muito próximos dos observados no referendo.

PARTE II

Capítulo 7
Alguns Estudos Práticos em Neuroeconomia

Uma das maiores exigências dos profissionais contemporâneos é a aplicabilidade de teorias. Nesta parte do estudo, serão colocadas em pauta as pesquisas levadas a cabo para apresentar de forma objetiva o poderio da pesquisa em Neuroeconomia.

Os estudos serão apresentados em quatro partes distintas, mas que no final deverão atender à exigência científica, prática e mercadológica que estudos na área da Neuroeconomia devem apresentar. Para tal serão feitas algumas notas acerca dos principais resultados no final da apresentação dos testes.

Deve se fortalecer a ideia de que a função dos testes é basicamente comprovar ou não a possibilidade de utilização de técnicas de Neuroeconomia e verificar se alguns efeitos específicos ocorrem ou não:

- ✓ O primeiro estudo se refere ao teste comportamental de efeito de contexto.

- ✓ O segundo à resposta por questionário de voluntários, que aqui chamaremos de pesquisa ao consciente; se analisará também o perfil mental relativo às emoções dos tomadores de decisão com a ajuda de equipamento de *Face Reading*.

- ✓ O terceiro mostrará os aspectos referentes ao mapeamento ocular dos agentes econômicos por meio da utilização da técnica de pesquisa baseada em *Eye Tracking*.

Portanto, esta parte do texto além de ser importante para o objetivo do estudo em si, permite também conhecer um pouco das modernas técnicas de pesquisa em Neuroeconomia.

Além disso, analisar-se-á também como os modelos em Neuroeconomia podem ser utilizados.

7.1 O efeito de Contexto (Parte I)

Para averiguar a existência ou não do "contexto" na tomada de decisão, realizou-se um teste com 72 alunos dos cursos de MBA em Gestão de Empresas nas dependências da Fundação Getúlio Vargas (FGV) em Belém–PA entre os meses de Julho e Dezembro de 2010. O teste foi adaptado dos estudos de Tversky e Kahneman (1981). Estes pesquisadores apresentaram o *dilema da doença*, em que os entrevistados tinham de escolher entre alguns tipos de tratamentos na perspectiva positiva e outros na perspectiva negativa. No lugar de *pessoas doentes* colocou-se *famílias desalojadas*. O principal objetivo do teste é o de fazer, com as respectivas adaptações, a identificação das decisões dos alunos relativamente à construção de um projeto hidroelétrico. O teste foi desenvolvido da seguinte forma:

1. Primeiro os alunos deveriam considerar a tomada de decisão acerca de uma inundação de uma área que comporta 600 famílias, sob a seguinte ótica:

- ✓ Alternativa A — 200 famílias seriam preservadas no local.

- ✓ Alternativa B — probabilidade de que 1/3 das 600 famílias fossem mantidas no local e de que 2/3 de que nenhuma família ficaria lá.

2. Em um segundo momento, os alunos deveriam responder sob uma ótica negativa, considerando:

- ✓ Alternativa C — 400 famílias perderiam seus lares; e

- ✓ Alternativa D — probabilidade de que 2/3 das 600 famílias perdessem seus lares e 1/3 de que nenhuma família perdesse seu lar.

As questões traduziam o mesmo fenômeno em ambas as perguntas. No entanto, cada uma delas representava um enfoque diferente. As Alternativas A e B representavam a decisão sob uma ótica positiva, já as alternativas C e D representavam a tomada de decisão sob uma ótica negativa.

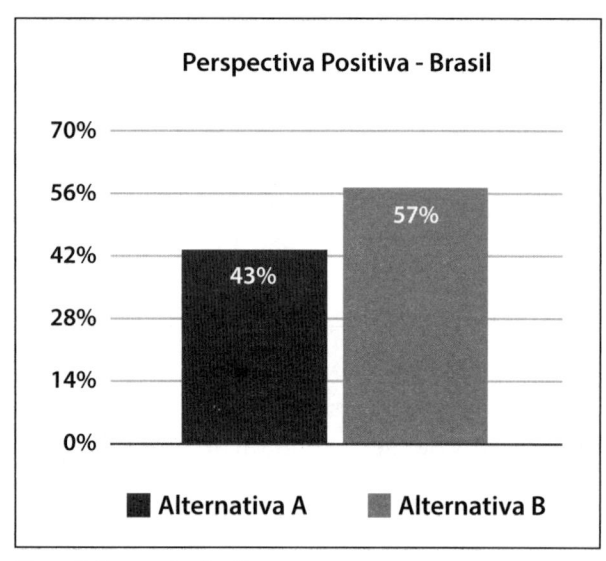

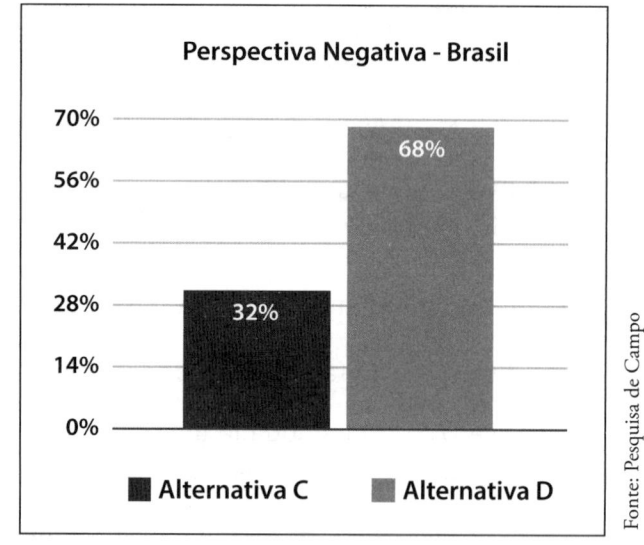

Figura 8: Perspectiva Positiva

Figura 9: Perspectiva Negativa

Considerando os resultados referentes ao aspecto positivo (Figura 8), 57% dos alunos dos MBA's da FGV responderam que a opção B seria a melhor escolha, enquanto 43% alegaram que a opção A seria melhor.

Considerando os resultados relativos ao contexto negativo (Figura 9), 68% dos alunos responderam que a opção D (que é a exatamente a mesma da opção B) seria a melhor escolha a ser feita enquanto 32% disseram que a opção C seria a melhor dentre as possíveis.

Com base nos resultados apresentados no teste levado a cabo no estudo e com base nas questões levantadas no início deste capítulo pode afirmar-se:

- ✓ Primeiro, os agentes não são tão racionais quanto a teoria econômica tradicional pressupõe.
- ✓ Segundo, variáveis — de menor relevância até então para a economia — como o contexto, influem na tomada de decisão.

A primeira afirmativa significa que, diferentemente da hipótese de tomadores de decisões racionais — como sugere a economia ortodoxa — de onde deriva o conceito de *homo economicus*, em que se busca a maximização das ações econômicas em favor de ganhos próprios, os resultados não foram satisfatórios nesse sentido (da racionalidade), porque a mudança de opinião diante de uma nova perspectiva (positiva *versus* negativa) implica dizer que os resultados numéricos por si só não influem nos resultados finais, a menos que estes sejam apresentados sob uma perspectiva específica, afinal de contas, a mudança de 43% (opção A) para 32% (opção C) é bastante significativa e 57% (opção B) no contexto positivo para 68% (opção D) no contexto negativo — lembrando que ambas as alternativas (A, C e B, D) apresentam a mesma alternativa, só que com pontos de vista opostos.

Na segunda afirmativa pode-se evidenciar e concluir que a presença do *contexto* — que é uma informação completamente desconsiderada pela abordagem da teoria tradicional de análise econômica — foi determinante para os resultados obtidos neste estudo. O que de maneira geral representa é que os agentes, ao se depararem com as decisões econômicas, são fortemente influenciados pelo contexto em que as informações são apresentadas.

7.2 Teste de Contexto (Parte II)

Para testar os resultados obtidos no estudo de contexto anterior optou-se por estender o teste. Resolvemos realizar o inquérito com alunos de um curso de doutorado das áreas de gestão de empresas, marketing e métodos quantitativos em Lisboa (Portugal) no mês de Março de 2011.

Todos os pressupostos relativos ao teste anterior foram mantidos. O objetivo era verificar se pessoas mais qualificadas ou com mais estudo, na área de economia, gestão e marketing, estavam menos expostas ao viés relativo ao efeito de contexto.

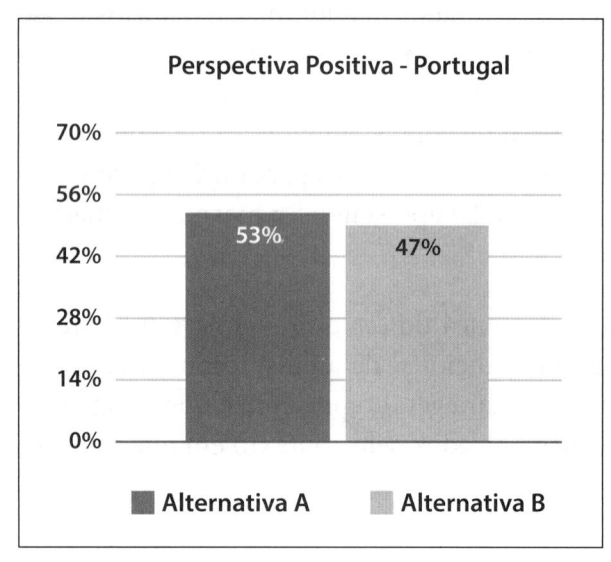

Figura 10: Perspectiva Positiva

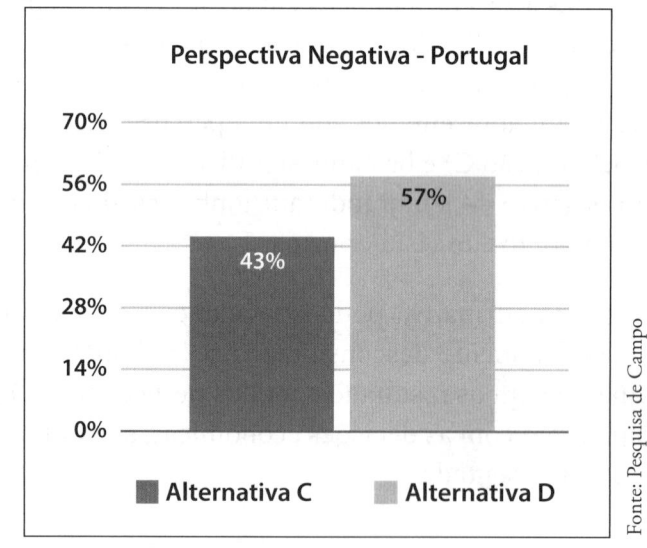

Figura 11: Perspectiva Negativa

Mais uma vez os resultados foram positivos para confirmação da existência do contexto nas decisões econômicas. E, neste caso, o fato de os voluntários contarem com uma formação acadêmica elevada não influiu para a melhoria de resultados no teste.

Na perspectiva positiva (Figura 10), a maioria, 53% dos doutorandos escolheu a alternativa A e 47% optou pela alternativa B. Mas quando se apresentou as mesmas opções, só que na ótica negativa (Figura 11) o resultado mudou, a alternativa C (que é a mesma de A no contexto positivo) passou para 43%, enquanto a alternativa D foi escolhida por 57% dos alunos de doutorado, representando uma variação para mais 10 p.p. paralelamente a esta mesma opção no contexto positivo.

Neste momento não cabe fazer conclusões muito específicas, mas desde já fica evidente que o efeito de contexto influi na escolha dos agentes econômicos. Talvez isso ocorra por conta dos elementos referentes ao processo evolutivo e o mecanismo que nos protege de perigos do mundo nos aproxima de situações de prazer, o que, por fim, acaba gerando a percepção ou as distorções que dela derivam.

Capítulo 8
Estudo por questionário

8.1 Qual o grupo responsável pela não utilização de energias renováveis na Amazônia?

Antes de avançar é necessário apontar alguns pormenores relevantes para os três testes que darão continuidade a este estudo.

Sobre a questão da investigação em si é factível que mesmo as pesquisas biológicas, fisiológicas e químicas como as da Neuroeconomia quanto à pesquisa de questionário como a que segue agora são consideradas investigações empíricas. Uma investigação empírica é aquela em que se fazem observações para compreender melhor o fenômeno a estudar (veja Hill e Hill, 2009, p. 19).

Dito isto, passar-se-á ao estudo por questionário. O objetivo específico deste inquérito foi o de testar se uma pesquisa "ao consciente" pode fornecer informações de apoio à tomada de decisão. Para tal procuramos descobrir qual o grupo responsável pela não utilização em larga escala das energias renováveis na

Amazônia. O universo desta pesquisa é constituído por executivos e diretores de pequenas, médias e grandes empresas do Brasil e Portugal e que façam parte de sites de relacionamento (LinkedIn, Facebook e Twitter). A amostra do estudo foi definida pelo critério de conveniência. A amostragem por conveniência é baseada em casos que são facilmente disponíveis. O método foi escolhido por ser rápido, barato e fácil. Contudo tem a desvantagem de, em rigor, os resultados e as conclusões só se aplicarem à amostra. O tamanho da amostra foi baseado no "caminho do esforço mínimo" em que se obtém a amostra de tamanho ou dimensão tão grande quanto possível dentro dos limites dos recursos disponíveis (veja Hill e Hill, 2009, p. 53). A pesquisa foi realizada online por meio do envio de e-mails e pelo compartilhamento dos questionários nas redes sociais (LinkedIn, Facebook e Twitter). Obteve-se um total de 103 questionários respondidos.

A pesquisa por questionário não é a mais indicada para investigar as impressões dos agentes econômicos. Quando se faz uma pergunta o estímulo é processado pelo cérebro (auditivo ou visual) gerando uma percepção. Depois de 2,5 milésimos de segundos a resposta é formatada pelo Córtex que, como vimos, é responsável pela porção racional do cérebro, e o que se obterá é uma justificativa para a resposta e não a resposta daquilo que o agente realmente sente. Este tipo de resposta corresponde a 5% da tomada de decisão de uma pessoa. Então se o objetivo é saber a verdadeira resposta dos agentes, certamente esta, apesar de mais utilizada no mercado, não é a melhor opção. Porém neste estudo, este tipo de questionário servirá como material de apoio para ser somado aos resultados encontrados com as técnicas de pesquisa ao inconsciente (Leitura Facial e mapeamento ocular).

Neste ponto, tentou-se fazer uma regressão com base nos dados obtidos, mas não foi possível obter, com esses dados, variáveis explicativas interessantes.

Considerando a primeira pergunta do questionário (veja Figura 12), sobre o sexo dos voluntários, obteve-se 61% de voluntários do sexo masculino e 39% de respondentes do sexo feminino.

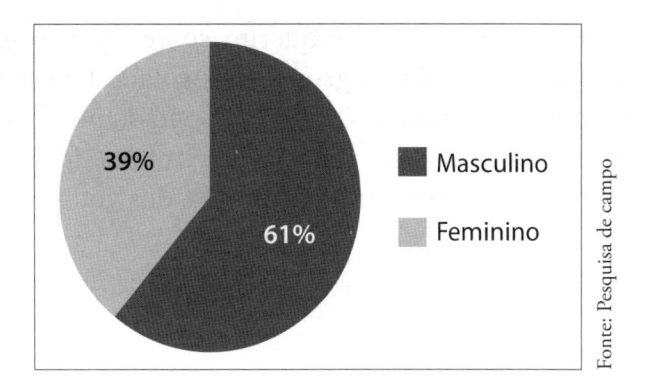

Figura 12: Gráfico sexo

Na questão dois do inquérito, perguntou-se a idade dos participantes da pesquisa, em que se encontrou um valor médio de 36 anos.

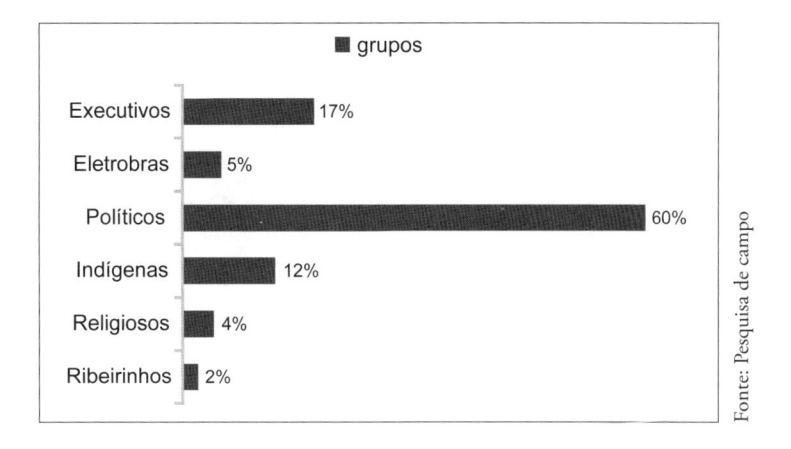

Figura 13: Grupos sociais

Considerando a terceira e última pergunta do inquérito sobre "qual o grupo responsável pela não utilização de energias renováveis na Amazônia", o grupo mais votado foi o dos "políticos" com 60%. Em segundo lugar o grupo dos "executivos/empresários", que foi apontado por 17% dos voluntários. Em terceiro, aparece o grupo dos "indígenas" com 12%. O grupo da "Eletrobras" foi indicado por 5%. O grupo dos religiosos apareceu com 4% e o grupo dos "ribeirinhos" com 2% dos votos.

Capítulo 9
Estudo de Identificação de Perfil mental dos agentes econômicos (*Leitura das Microexpressões Faciais*)

9.1 Resultados da *Leitura Facial*

Para averiguar a questão emocional na tomada de decisão entre os agentes do setor elétrico, seria necessário ir ao olho do "furacão". Para tal, pretendíamos visitar a sede da "Eletrobras" em Belém–PA, onde se entrevistaria, com a ajuda de uma câmera de vídeo, os gestores da empresa.

A ideia seria fazer perguntas acerca das variáveis mais importantes e comuns sobre o setor elétrico brasileiro no que se refere ao impedimento para a ampliação das energias renováveis na Amazônia, tais como a política, a religião, a empresa fornecedora de energia, os executivos, os ribeirinhos e os índios.

Entretanto, por questões de agenda dos gestores, não foi possível realizar a entrevista com os gestores da "Eletrobras". Porém, o estudo não foi abandonado. Realizou-se entre os dias 5 e 7 de Julho de 2012, uma entrevista com 11 pessoas escolhidas por acessibilidade, na cidade de Curitiba–PR. Aproveitando o equipamento de *Eye Tracking,* que é capaz de gravar em vídeo o rosto dos voluntários, conseguiu-se obter o material necessário para análise.

Este estudo levou em conta a amostra coletada, mesmo sendo esta abaixo do que se pretendia alcançar. Mas levando em consideração os recursos investidos e o carácter da pesquisa, acredita-se que mesmo com um número reduzido de voluntários na pesquisa, entende-se que o objetivo geral da pesquisa pode ser alcançado.

Acerca do estudo em si, o voluntário senta-se a uma distância necessária para regular o aparelho de *Eye Tracking,* depois ele é avisado que se fará a seguinte pergunta: Qual destes grupos sociais interfere negativamente na adoção da energia renovável na Amazônia? Depois, além da pergunta, o voluntário visualizará seis figuras que são apresentadas de forma sequencial, mas aleatória a cada candidato, evitando assim qualquer tipo de viés. E no fim ele deverá responder verbalmente à pergunta feita no início da sessão.

Além do resultado do questionário em si, as figuras eram apresentadas de forma aleatória para cada entrevistado.

O que apresenta mais-valia real considerável para esta pesquisa é o vídeo que permite analisar os componentes emocionais das gravações com a ajuda de um *software* que mapeia as microexpressões faciais. A ideia subjacente a esta prática permitiu identificar exatamente qual a emoção envolvida no momento do estímulo.

Para cada pergunta realizada pelo entrevistador, antes mesmo do voluntário responder, o *software* identifica plenamente a emoção que envolve cada resposta. Desta forma, poder-se-á afirmar, na maioria dos casos, qual a emoção que o tomador de decisão apresenta diante de um determinado estímulo, que neste caso foi uma pergunta específica. Este método de pesquisa também permitiu identificar quais os fatores que despertam as emoções específicas em cada estímulo.

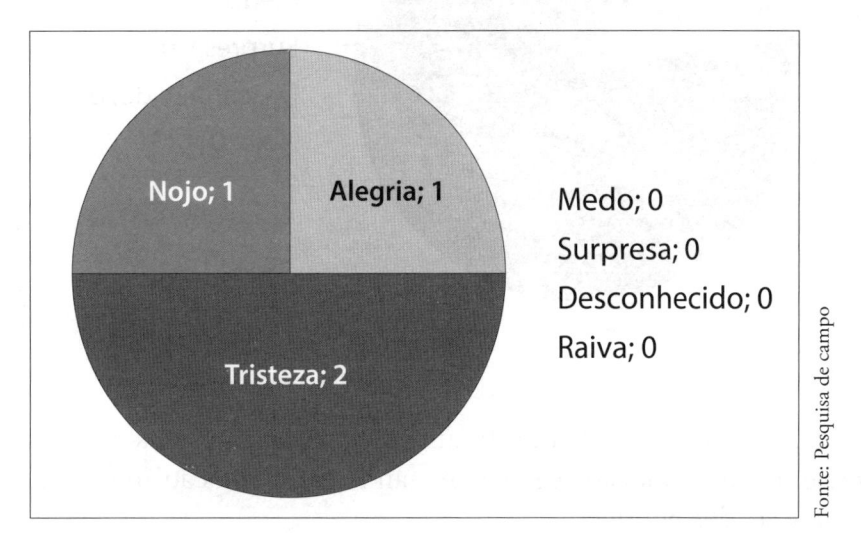

Figura 14: *Face Reading* Eletrobras

A primeira observação acerca das emoções que a figura da Eletrobras gerou nos entrevistados é a de tristeza. Ocorreu em 2 entrevistados. Depois se evidenciou o nojo e a alegria.

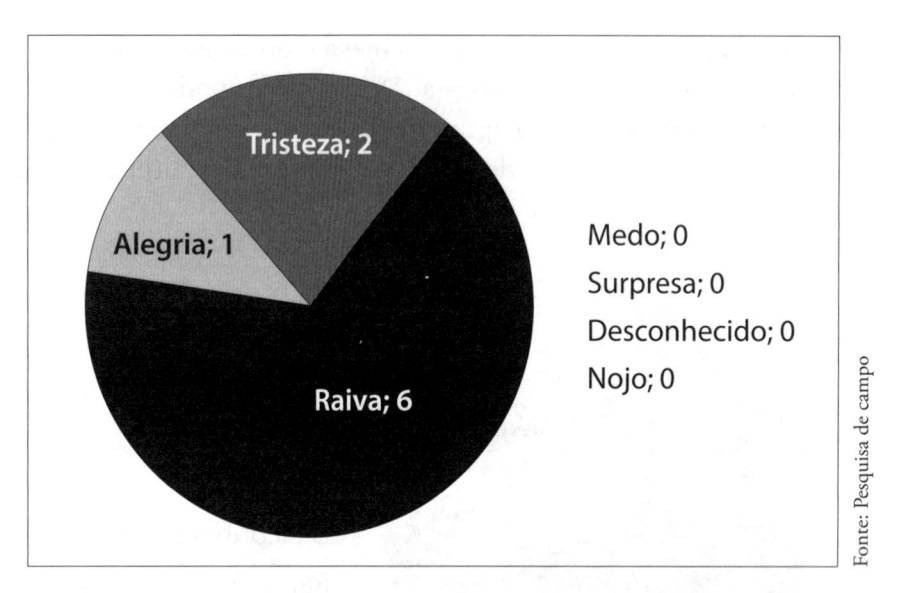

Figura 15: *Face Reading* Políticos

No caso dos políticos, os voluntários manifestaram emoções negativas na maioria das vezes. Apesar de uma probabilidade maior de uma emoção negativa se manifestar, a emoção "raiva" se manifestou seis vezes no momento da visualização dos políticos.

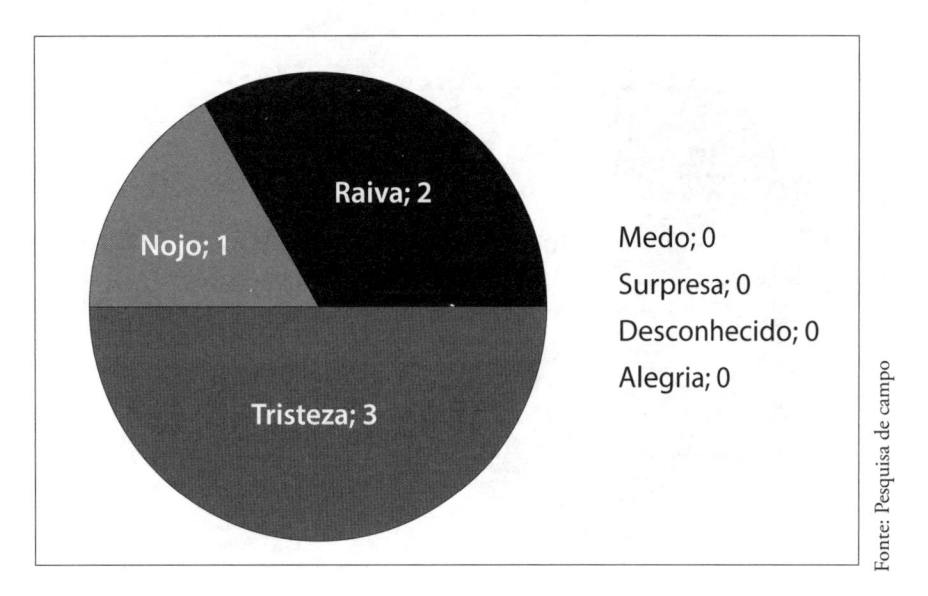

Figura 16: *Face Reading* índios

No caso específico dos índios, enquanto grupo que prejudica a utilização de energias renováveis na Amazônia, por três vezes a emoção tristeza apareceu nas microexpressões faciais dos voluntários. Em duas oportunidades a emoção raiva apareceu e, por fim, uma vez a emoção nojo. Todas as emoções evidenciadas foram de cunho negativo.

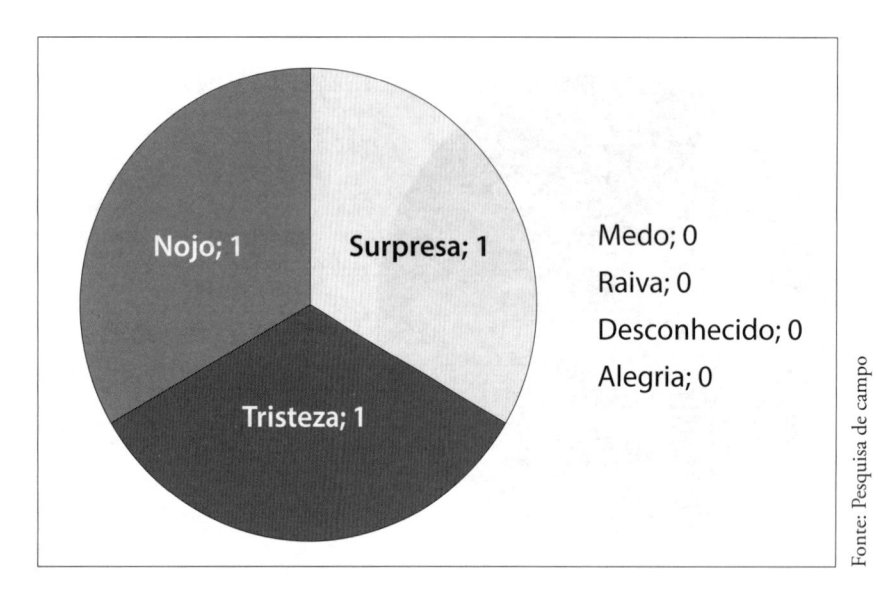

Figura 17: *Face Reading* Executivos

A apresentação da imagem de executivos neste caso despertou poucas emoções destoantes ao relacionarmos com a questão das energias renováveis. Surpresa, tristeza e nojo apareceram uma vez cada.

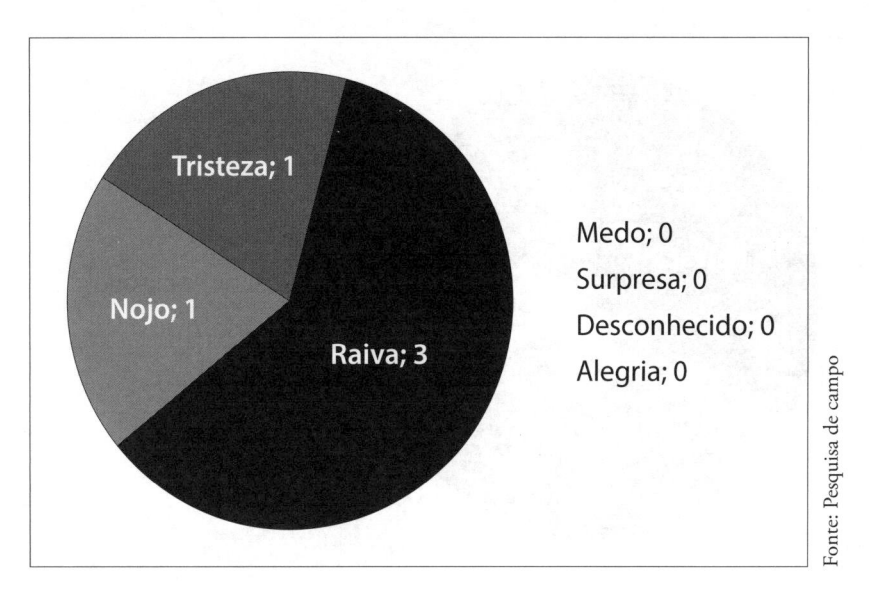

Figura 18: *Face Reading* Igreja

Quando feita a análise da imagem representativa do grupo dos religiosos com o *Face Reading*, os voluntários expressaram a emoção raiva três vezes, a emoção nojo uma vez e a tristeza também uma vez. Assim como no caso dos indígenas todas as emoções foram negativas.

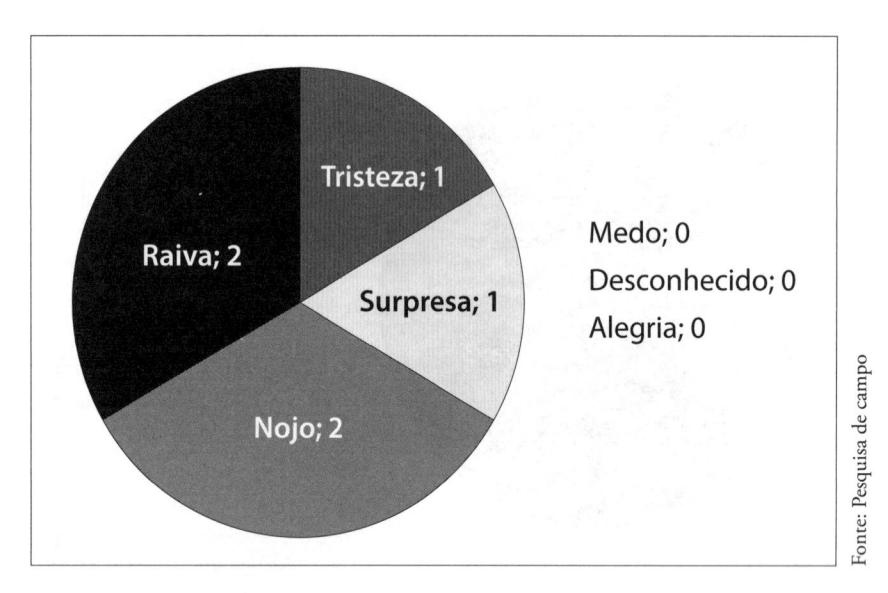

Figura 19: *Face Reading* Ribeirinhos

Já a imagem dos ribeirinhos despertou quatro tipos de emoções nos voluntários. Com duas ocorrências, a raiva e o nojo e com uma ocorrência, a alegria e a tristeza.

Capítulo 10
Resultado *Eye Tracking*

10.1 Conhecendo o *Eye Tracking*

O *Eye Tracking* sem sombra de dúvidas é a tecnologia mais difundida entre os pesquisadores de Neuroeconomia, com destaque para os profissionais de Neuromarketing que se utilizam desta ferramenta cada vez mais em suas pesquisas. Afinal, saber para onde o cliente está olhando na embalagem do produto, por exemplo, sempre foi uma questão de elevada importância. Entretanto o mapeamento ocular dos agentes econômicos pode revelar muitas informações valiosas para vários estudos de Neuroeconomia.

O *Eye Tracking* é uma tecnologia em grande evolução e crescimento em termos de utilização em pesquisas. Esta ferramenta se tornou, com o recente avanço tecnológico, um método aplicável de monitoramento do movimento ocular de acordo com estímulos apresentados. Basicamente, os aparelhos de *Eye Tracking* gravam os movimentos que o "olhar" do participante realizou, enquanto determinados estímulos visuais e/ou auditivos foram apresentados. Os mais modernos aparelhos disponíveis analisam os movimentos oculares através de leitores infravermelhos que medem os movimentos relativos da córnea e pupila por complexas metodologias, Física e Computacional (veja Tavares, 2008, p. 01).

Atualmente em sua quarta geração, os equipamentos de *Eye Tracking* sofreram uma importante evolução desde os primeiros indícios de análise objetiva de movimentos oculares usando reflexo de córnea em 1901. Nos anos 50, foram desenvolvidos equipamentos anexados a lentes de contato, os quais poderiam ser desde pequenos espelhos até grandes estruturas de ferro. Esse método, até então, se apresentava muito invasivo e pouco prático. Já os modelos pertencentes à terceira geração, os quais eram utilizados até recentemente, eram desconfortáveis estruturas com armações presas na cabeça, similares a capacetes (*head mounted*), e impediam a movimentação do participante, e este, normalmente, teria que permanecer com o queixo fixado a uma estrutura de metal para evitar sua movimentação e, consequentemente, perda dos dados. Hoje, os modernos equipamentos da quarta geração são os chamados "de mesa" (*table mounted*) e têm a aparência de um monitor de computador do tipo "LCD". Esses equipamentos modernos não são nada invasivos, são muito mais precisos e apresentam grande praticidade para aplicações em pesquisas com crianças tão novas quanto seis meses de idade já que não há estruturas anexadas ao participante (veja Tavares, 2008, p. 01).

Esses equipamentos atualmente disponíveis são capazes de medir a uma frequência de até 60 Hz (a cada segundo, o equipamento grava até 60 coordenadas, ou seja, a cada segundo o *Eye Tracking* obtém dados de 60 posições para as quais o participante dirigiu seu olhar). Com alta precisão e rapidez, o *Eye Tracking* fornece informação automática de onde o interesse do participante está focado.

Os dados fornecidos pelo *Eye Tracking* são também de uma grande abrangência que varia, dependendo do objetivo da pesquisa, em:

- ✓ tempo total de fixação em uma determinada área da tela;
- ✓ ordem de fixação;

- ✓ velocidade de cada fixação;
- ✓ número de transições;
- ✓ entre outros.

Outra importante função é sua capacidade de apresentar um retorno em tempo real dos movimentos visuais realizados, o que, além de engajar o participante, pode servir como direcionamento para diferentes níveis, dependendo do *design* da pesquisa (veja Tavares, 2008, p. 01).

Nos últimos anos uma série de estudos baseados no *Eye Tracking* ganhou destaque na área da Neuroeconomia, em especial os estudos de Neuromarketing. Muitas métricas diferentes foram utilizadas ao longo do tempo no que se refere ao mapeamento ocular. Entretanto existem algumas métricas que costumam ser mais utilizadas.

Número de fixações (total)	Número de fixações em cada AOI
Proporção do tempo de gaze em cada AOI	Duração da gaze em cada AOI
Duração média da fixação (total)	Taxa de fixação (total) (fixações/segundo)

Figura 20: Métricas mais comuns em *Eye Tracking*

Evidentemente a identificação das métricas é importante. Mas tão importante quanto escolher a métrica adequada é a definição dos termos das métricas. Estes termos definirão ou servirão de base para as interpretações.

Fixação	São períodos em que os olhos permanecem praticamente parados. Normalmente é definida por dois parâmetros: tempo mínimo necessário para ser considerada uma fixação (ex.: 100 ms) e amplitude do movimento máximo aceito (ex.: raio de 50 pixels, quadrado de 40x40 pixels, ou 2 graus), mas também pode ser definida em relação a sua velocidade máxima (por exemplo, menor que 100 graus/segundo), dependendo do algoritmo usado para identificar as fixações.
Sacada	São movimentos rápidos usados para reposicionar a fóvea de um ponto de interesse a outro. Quando são usados algoritmos de detecção de fixação é representada implicitamente pela distância de uma fixação a outra.
AOI	Área de interesse. Região que apresenta alguma característica importante para o pesquisador. É definida pelo próprio pesquisador ou sua equipe e não pelos participantes.
Scanpath	Sequência ordenada de fixações e sacadas executada pelos olhos do usuário.
Gaze	Sequência de fixações consecutivas em uma mesma AOI. A duração da *gaze* é obtida pela soma da duração das fixações que a compõem, e sua posição é a posição média destas fixações. Uma *gaze* pode ser composta por diversas fixações e pequenas sacadas, e a primeira fixação que caia fora da AOI marca o fim da *gaze*.

Figura 21: Exemplo de definição dos termos usados no cálculo das métricas do rastreamento do olhar

Outro fator determinante para as pesquisas com o *Eye Tracking* é a experiência do pesquisador. Entender o motivo pelo qual um consumidor fixa o olhar em um determinado ponto pode ser entendido de várias formas. Assim, os aspectos referentes à qualidade da análise são primordiais para a interpretação adequada dos resultados.

10.2 Experimento com *Eye Tracking*

Nesta fase do estudo, tomou-se o cuidado de juntar todas as imagens referentes aos grupos possíveis de afetação da adoção de energia renovável na Amazônia em um único *slide*. Tal medida teve o objetivo de mapear o ponto focal de cada participante da pesquisa. Portanto, juntando todos os grupos sociais específicos, tentou-se descobrir qual destes era mais visualizado, qual era olhado primeiro e qual a percentagem de pessoas que olhavam para a figura específica.

Para tal, levantamos a seguinte questão: "Qual destes grupos sociais interfere negativamente na adoção (utilização) da energia renovável na Amazônia?".

Os seguintes indicadores abaixo serão mensurados na pesquisa em relação a cada item, os quais são selecionados através de AOIs (áreas de interesse):

- ✓ **QF** — Quantidade de fixações: indica quantas vezes os participantes fixaram o olhar em determinado AOI.

- ✓ **DF** — Duração das fixações: calcula a média de tempo que cada participante fixou o olhar em determinado AOI.

- ✓ **TPF** — Tempo para a 1ª fixação: mede o tempo que o participante leva para olhar pela primeira vez para um AOI.

- ✓ **PPF** — Percentual de pessoas que fixaram: (PPF) percentual de pessoas que fixaram o olhar em determinado AOI.

- ✓ **Heat map** — Demonstra através de um mapa de calor quais são os pontos de maior interesse e atenção no estímulo visual analisado.

- ✓ **Cluster** — Descobre automaticamente quais são os segmentos ou porções no estímulo visual com mais interesse, em relação ao percentual de visualizações.

- ✓ **Opacidade** — Conhece as áreas cruciais de interesse ou não do consumidor através de imagens direcionadas.

- ✓ **Gaze Plot** — Entende a sequência dos movimentos oculares do entrevistado.

Resultados

Heat map

Este é, sem dúvida, o gráfico mais popular referente à utilização do *Eye Tracking*. Como descrito anteriormente, o *heat map* mostra os pontos de maior interesse dos voluntários. Neste caso as imagens relativas aos grupos potenciais inibidores da utilização de energia renovável na Amazônia foram apresentadas todas juntas em um único *slide*. Observa-se um maior interesse dos voluntários pelo grupo dos "políticos" e dos "ribeirinhos".

Portanto, quando questionados sobre qual grupo intervém negativamente para a utilização de energias renováveis na Amazônia, os políticos e os ribeirinhos foram apontados como os grupos que despertaram maior atenção segundo o gráfico de *heat map*.

Figura 22: *Heat map* Grupos Sociais
(No site da editora – www.altabooks.com.br – é possível baixar esta imagem em seu formato original em cores. Procure pelo título do livro.)

Fonte: Pesquisa de campo

A **gaze plot** — Exibe sequência de movimentos, a ordem e a duração da fixação do olhar. A *gaze plot* analisa o movimento do olhar de cada entrevistado separadamente.

Em nosso experimento de *Eye Tracking* a fixação inicial é centralizada e depois a maioria dos entrevistados olha para o grupo dos políticos e depois para os ribeirinhos.

Em cada ponto a magnitude dos círculos determina a duração da fixação ocular dos voluntários.

Em especial este gráfico é bastante eficaz em análises individuais.

Na imagem submetida aos voluntários observou-se que estes não fixaram de forma significativa em nenhuma figura.

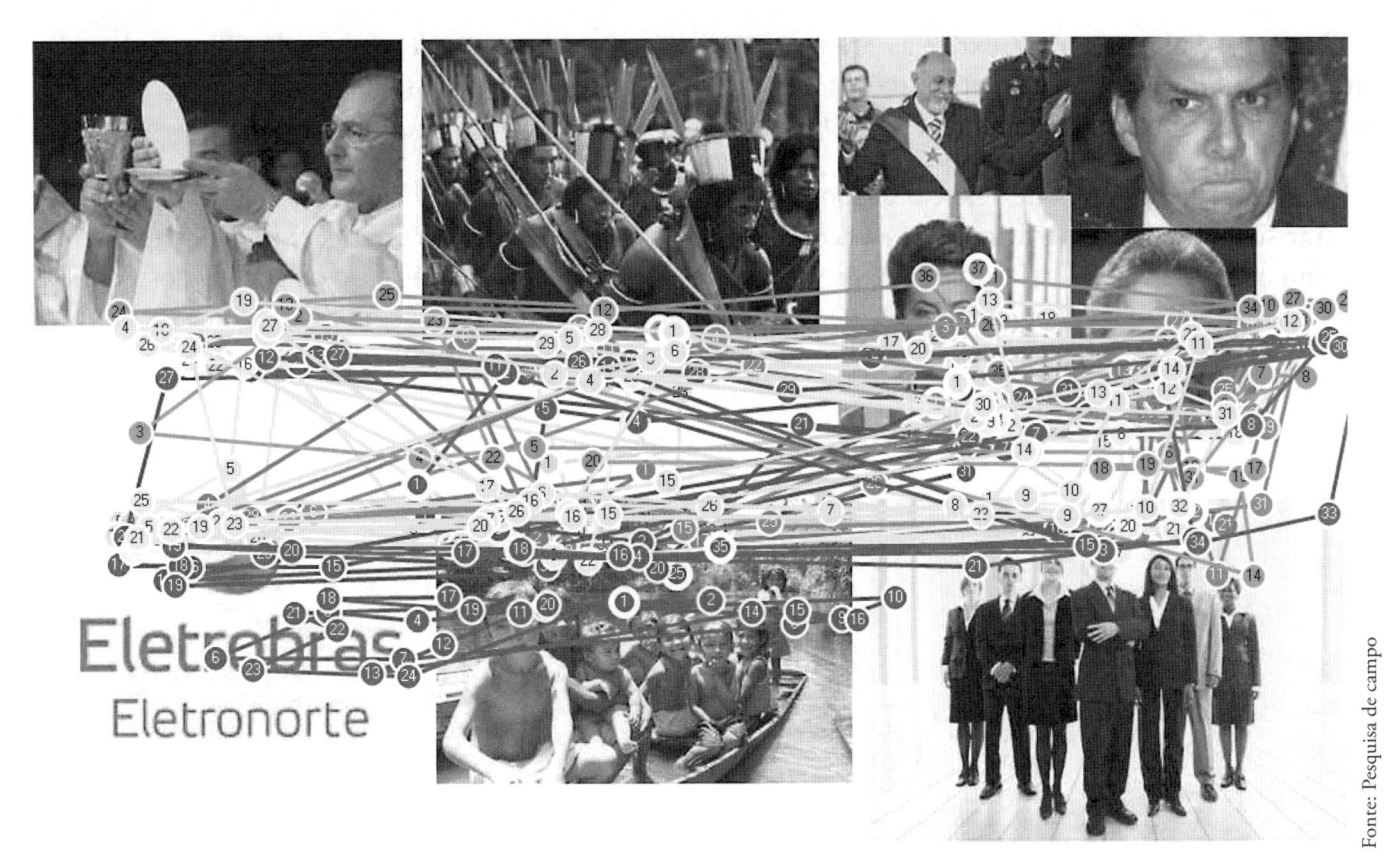

Figura 23: Gaze Plot Grupos Sociais
(No site da editora – www.altabooks.com.br – é possível baixar esta imagem em seu formato original em cores. Procure pelo título do livro.)

Fonte: Pesquisa de campo

Cluster — Polígonos para exibir as áreas com a maior concentração de pontos de olhar registrados durante o teste, mostrando o percentual de entrevistados que estão interessados nesses aglomerados. Os *clusters* exibidos podem ser facilmente transformados em áreas de interesse (AOIs).

No gráfico de *cluster*, pode ver-se o grupo dos ribeirinhos com o *cluster* 1, com 100% dos voluntários a mostrar-se interessados nesta área. Os *clusters* 7 e 8 (que estão no grupo dos políticos) também apontaram para um interesse de 92% relativamente aos voluntários em cada *cluster*. Neste caso os grupos dos políticos e dos ribeirinhos podem ser apontados como os grupos de maior interesse, segundo o gráfico de *Cluster*.

Figura 24: Cluster Grupos Sociais
(No site da editora – www.altabooks.com.br – é possível baixar esta imagem em seu formato original em cores. Procure pelo título do livro.)

Fonte: Pesquisa de campo

10.2.1 *Eye Tracking* incluindo os AOIs

De forma breve, mas não menos importante, achou-se por bem incluir os AOIs referentes a cada imagem analisada de forma global. O objetivo de incluir as áreas de interesse de cada figura surgiu primeiro da curiosidade científica resultante desta pesquisa e depois, pela necessidade da verificação da existência ou não de pontos de interesses impactantes o suficiente para gerar viés nos dados encontrados nas figuras quando analisadas de forma global.

Em vez de analisarmos separadamente uma por uma as figuras, optou-se por verificar somente os AOIs mais significativos para este estudo.

- ✓ **Executivos** — A *priori* observou-se a análise por *Clusters* do grupo dos executivos. Neste caso, 92% dos voluntários fixaram o olhar nos três executivos localizados no meio da imagem, respectivamente. Em especial na região do peitoral dos executivos.

- ✓ **Ribeirinhos** — Neste caso observou-se grande atenção por parte dos voluntários em especial no que diz respeito ao rosto das crianças, em que se observou uma atenção de 92% em, pelo menos, quatro delas.

- ✓ **Eletrobras** — No caso da figura da Eletrobras, 100% dos voluntários prestaram atenção nas letras do nome da empresa.

- ✓ **Políticos** — Considerando os resultados do *Cluster* para a figura dos Políticos apresentada isoladamente, observou-se que 100% dos voluntários olharam para os *Clusters* 1 e 3. Depois, 92% dos voluntários olharam para os *Clusters* 4 e 6.

- ✓ **Índios** — Para o grupo social "índios" observou-se que os rostos chamaram bastante atenção, correspondendo a maioria dos *Clusters*. 100% dos voluntários olharam no *Cluster* 2; 92% dos voluntários fixaram o olhar no *Cluster* 5; e 83% dos voluntários também fixaram o olhar no *Cluster* 4.

- ✓ **Igreja** — Para a imagem isolada do grupo social referente à igreja, o *Cluster* 1 (mão de um dos religiosos) e *Cluster* 3 (rosto do mesmo religioso) foram os AOIs que mais chamaram a atenção obtendo 100% de fixação do olhar dos voluntários.

Capítulo 11
Alguns apontamentos sobre os resultados encontrados

Questionário — No caso da pesquisa por questionário com gestores, o grupo dos políticos foi o grupo citado como o grupo responsável pela não utilização da energia renovável na Amazônia. Em uma interpretação neuroeconômica, destinada ao estudo do consciente, os voluntários elegeram os políticos como responsáveis pela não utilização da energia renovável na Amazônia. Tal fato se deve ao processamento por parte do córtex, que é a área do cérebro responsável pelo raciocínio, o que ocorre cerca de 2,5 segundos depois do estímulo. Quer dizer, o estímulo foi gerado, sentido e depois os voluntários formulam uma resposta. Por isto, diz-se que o questionário é uma metodologia de pesquisa ao consciente.

Face Reading — A empresa Eletrobras, logicamente, a que mais aparece na mídia diante das questões relacionadas com o setor elétrico de uma forma geral. Mas definitivamente ela não pode ser considerada como aquele grupo que mais afeta negativamente ou atrapalha a utilização de energias renováveis na Amazônia, segundo a leitura das microexpressões faciais.

O número de vezes em que a emoção raiva apareceu na altura da apresentação da imagem de políticos foi 6. Um número elevado já que representa mais da metade dos voluntários e pode indicar que os políticos aparecem como potenciais candidatos ao título de grupo que mais atrapalha a utilização de energia renovável na Amazônia.

Eye Tracking — O grupo dos "políticos" seguido pelo grupo dos "ribeirinhos" despertou a atenção dos voluntários, tiveram uma fixação rápida, também tiveram um número maior de fixação de olhar e foram olhados por quase todos os voluntários. Apesar de que os ribeirinhos foram relevantes, o grupo dos políticos realmente foi o que chamou mais a atenção dos voluntários.

Portanto, utilizando três formas diferentes de coleta de informações, se chegou a um resultado comum. O grupo dos políticos é responsável pela não utilização da energia renovável na Amazônia. Mesmo quando nos utilizamos de duas abordagens completamente diferentes entre si, que é o caso da pesquisa consciente (questionário) e da pesquisa inconsciente (*Face Reading* e *Eye Tracking*), os resultados nos levaram ao cerne da questão. Os políticos são os responsáveis pela não utilização das energias renováveis na Amazônia. Poderíamos teorizar nesta altura, mas não seria elegante e nem tão pouco ético afirmar qualquer pormenor acerca das causas ou do processamento cerebral desta escolha. Por isso nos concentraremos apenas na descrição feita anteriormente, deixando qualquer definição genérica para a conclusão do estudo.

Contudo mais do que os pontos específicos dos testes, o que procuramos saber é se a pesquisa inconsciente pode ser utilizada para avaliar as questões econômicas. Os resultados de todos os testes realizados apontam para a possibilidade da utilização das pesquisas neuroeconômicas em estudos acerca da tomada de decisão.

Capítulo 12
Considerações Finais sobre os Resultados Gerais do Estudo

Tendo apresentado o essencial ao longo da Tese para a realização do estudo que pretendemos desenvolver e tendo selecionado algumas metodologias e modelos que têm particular interesse para as conclusões a tirar, é chegado o momento de apresentar alguns resultados integrados. Relacionamos aqui os pontos-chave desses modelos, os resultados dos testes que realizamos, assim como tiraremos conclusões práticas na área da contribuição da Neuroeconomia para o estudo do fenômeno das energias na base dos objetivos inerentes ao presente estudo.

Os modelos econômicos, quando combinados com algumas técnicas e experimentos de Neuroeconomia, se apresentam como uma eficaz ferramenta de análise podendo gerar um forte arcabouço de conhecimento partindo de modelos específicos, como é o caso dos modelos axiomáticos, só para citar um exemplo.

Também é possível observar que o conceito de neuroprobabilidade representa uma opção acerca da interpretação em termos de tomada de decisão, em particular nos casos de julgamentos. Mais do que um conceito específico, a neuroprobabilidade pode ser apresentada como uma forma de encarar os diversos processos decisionais da vida de um agente econômico.

É sempre bom poder contar com informações diversas que sirvam de apoio ou para comparação de resultados. Neste sentido ao realizarmos a pesquisa por questionário observou-se em princípio a comprovação de que este tipo de pesquisa serve como ferramenta de apoio, pois o resultado apresentado colaborou para a formação de um apanhado geral quando combinado com os estudos inconscientes. Entretanto é prudente utilizar este tipo de pesquisa com moderação para a avaliação do comportamento econômico das pessoas.

Quando um agente econômico se depara com um momento de decisão é factível que as bases cerebrais do processo de tomada de decisão sejam os melhores meios de se descobrir as reais motivações que o levam a um caminho escolhido em detrimento de outro. Para tal, técnicas de pesquisa que coletam informações do inconsciente humano como o *Eye Tracking* e o *Face Reading* se apresentam como opções que proporcionam mais-valia para os resultados da pesquisa.

Agora em termos específicos, é possível dizer que a decisão depende primeiramente do contexto sob o qual o agente econômico está inserido, quer dizer, a forma como as informações são apresentadas influem no resultado final. Tal fato é facilmente percebido no dia a dia de uma pessoa, mas quando se coloca na pauta de uma decisão questões relativas, por exemplo, ao mercado de energia, em que as decisões na maioria das vezes são de grandes proporções, é importante avaliar as possibilidades ou a forma como o contexto está apresentado.

Sempre que alguma externalidade é gerada, seja ela positiva ou negativa para determinados agentes econômicos, o fator emocional entra em ressonância com a decisão que deverá ser tomada. Neste estudo, se viu que alguns grupos sociais provocam mais do que sentimentos de emoção nos agentes econômicos, como foi o caso do mapeamento do ponto de visualização com o teste de *Eye Tracking* e das emoções com o *Face Reading*. Este processo faz com que os agentes criem uma percepção específica acerca de um determinado grupo. Por exemplo, quando estudamos os sentimentos de emoção nos agentes, a emoção raiva era dominante aquando da apresentação da imagem do grupo dos políticos.

Diante das informações detectadas nos estudos e de toda a base teórica e experimental que a Neuroeconomia oferece, não é exagero afirmar que os agentes econômicos são susceptíveis a estímulos específicos para a orientação acerca do contexto decisional e das emoções apresentadas tendo em vista a geração de uma percepção positiva ou negativa acerca de um grupo social ou de uma ação que algum destes grupos tenha realizado ou esteja por realizar.

Este estudo apresentou de forma pragmática os principais aspectos acerca da tomada de decisão no setor elétrico. Estes aspectos apresentados evoluíram tanto no sentido de observar o lado exógeno à tomada de decisão inconsciente com o estudo do contexto, como do fator endógeno ao indivíduo enquanto tomador de decisão com o caso do estudo das emoções. Portanto, este estudo pode servir de base para a tomada de decisão no setor elétrico que literalmente representa decisões de grande magnitude e complexidade. Mas também pode ser inserido em uma decisão mais simples como as que encontramos no nosso dia a dia, por exemplo, ao comprar um par de tênis ou escolher um roteiro para o passeio de final de semana.

Como é bom de ver, não existe uma relação determinística entre determinado estímulo e a decisão tomada. Em particular, as diferentes magnitudes dos problemas em causa induzem uma grande variabilidade das respostas ao mesmo estímulo.

Este *lack of determinism* condiciona muito a própria construção de uma teoria científica para a Neuroeconomia. As diferentes abordagens apresentadas neste estudo mostram claramente este sentido pragmático.

Por outro lado, em termos da análise dos próprios neurotransmissores, há de se ter em conta que embora os neurotransmissores sejam inerentes a cada indivíduo, a verdade é que a forma e a intensidade com que se libertam diferem de indivíduo para indivíduo e mesmo para um certo indivíduo variam em função de fatores como o momento, a especificidade do contexto pessoal em termos circunstanciais etc. Nessa medida, as reações (isto é, a construção da decisão/a tomada de decisão) variam no mesmo indivíduo e de indivíduo para indivíduo em função do mesmo estímulo.

Assim, os resultados apresentados e a sua análise permitem tirar ilações interessantes que são aplicáveis ao estudo levado a cabo neste trabalho, assim como é possível com as diferentes abordagens e com a análise das diferentes metodologias corroborar este tipo de inferências que sustentam a ideia de uma Neuroeconomia ainda em construção enquanto disciplina científica.

CONCLUSÃO

Todo este trabalho teve como objetivo nomeadamente desenvolver uma referência para a análise e tratamento das variáveis determinantes em Neuroeconomia. Para tal, se apresentou alguns dos conceitos fundamentais relativos à Neuroeconomia, seja nas terminologias, nas classificações, no entendimento do cérebro humano, nos principais problemas decorrentes da racionalidade limitada dos agentes econômicos e das questões emocionais envolvidas na tomada de decisão.

A Neuroeconomia como um ramo relativamente novo da ciência incorpora em sua essência conceitos e práticas de neurociência e economia. Contudo esta é uma ciência interdisciplinar que engloba outras áreas, por exemplo, a estatística, a matemática, a biologia, ou a farmacologia. Portanto, as dificuldades existentes não podem ser, de forma alguma, menosprezadas.

De certa forma as pessoas estão sujeitas aos erros decorrentes de ilusões cognitivas endógenas à vida econômica. Isto é um fato, e não se pode fazer muito a respeito. Um bom exemplo foi o efeito de contexto mostrado neste estudo em que profissionais preparados para tomarem decisões na vida econômica não se saíram tão bem aquando de uma decisão referente à incerteza e ao contexto positivo e negativo. Este teste serviu para mostrar não só a existência do viés cognitivo na decisão econômica como também para mostrar que os efeitos paralelos a este viés são robustos e podem alterar de forma significativa o rumo das decisões dos agentes econômicos.

Outro resultado encontrado neste estudo se refere à tentativa de descobrir a principal emoção com a ajuda de um *software* (*Face Reading*), aquando da apresentação das imagens de possíveis grupos responsáveis pela não utilização de energia renovável na Amazônia (Eletrobras, ribeirinhos, executivos, políticos, igreja, índios). Neste caso específico a emoção que mais se repetiu foi a raiva e se referiu em sua maior parte ao grupo dos políticos, indicando que este grupo é o principal responsável por ações deletérias sobre o uso das energias renováveis na Amazônia.

Em uma continuação do experimento, agora com a utilização de um equipamento de mapeamento ocular (*Eye Tracking*), observamos que o grupo dos políticos é apontado de forma inconsciente pelos voluntários do estudo como principal responsável pela não utilização de energia renovável na Amazônia.

Considerando os resultados de forma mais genérica, o efeito de contexto impacta na tomada de decisão dos agentes. A coleta de informações derivadas da pesquisa do inconsciente dos tomadores de decisão é factível e influi consideravelmente no resultado final das interações econômicas. O papel das pesquisas do inconsciente dos agentes é essencial e tem a função de permitir um mapeamento emocional dos sentimentos aquando de uma escolha. Os estímulos pontuais também se mostraram robustos na avaliação da tomada de decisão em termos gerais.

O desenvolvimento e utilização de modelos neuroeconômicos baseados tanto na teoria existente quanto no resultado de testes específicos se mostra conveniente para solucionar problemas relativos à pesquisa em Neuroeconomia. Isto pois a utilização dos modelos em Neuroeconomia permite que a realidade acerca de um fenômeno específico seja simplificada o que de imediato permite um melhor entendimento dos conceitos neuroeconômicos por meio da apresentação de variáveis fundamentais, além de permitir a análise de variáveis que não podem ser diretamente observadas, por exemplo, o sistema de recompensa cerebral.

O estudo permite concluir de forma geral que existem problemas ou erros de julgamento referente à tomada de decisão na vida econômica e que o mapeamento das variáveis inconscientes dos agentes econômicos como os fatores emocionais e neurológicos assim como o tratamento devido dos dados por meio de técnicas adequadas a cada caso são de fundamental importância para o apoio à tomada de decisão.

Para o estudo em si, pode-se dizer que a pesquisa baseada nos modelos neuroeconômicos afeta positivamente o resultado acerca dos ganhos qualitativos, quer dizer, a coleta de dados baseada no processo cerebral e comportamental se apresenta mais eficaz comparativamente com as técnicas tradicionais, por exemplo, a pesquisa por questionário.

O arcabouço da Neuroeconomia se beneficia com os resultados deste estudo pois é evidenciado um ganho em termos analíticos se considerarmos que poucos estudos em Neuroeconomia abordam o tema da economia dos recursos naturais. Soma-se ainda o fato de que este estudo dá ênfase a associação aos métodos quantitativos para o atingimento do objetivo geral.

No que se refere à contribuição relativa ao arcabouço dos métodos quantitativos, é necessário salientar que este estudo não gera um acréscimo ao conteúdo em si, pois não apresenta nenhuma nova teoria ou sequer refuta algum estudo desta natureza. Pode-se dizer que a contribuição deste estudo para os métodos quantitativos reside em mostrar a abrangência que os métodos quantitativos podem alcançar. Se as novas ciências vieram para ficar, ninguém o pode afirmar. Mas de certo é possível afirmar que os métodos quantitativos podem vir a ser uma importante ferramenta analítica quando associada, por exemplo, à ciência do cérebro ou especificamente à Neuroeconomia.

Portanto, a Neuroeconomia permite a obtenção de melhores resultados em termos de desenvolvimento de pesquisas e criação de modelos analíticos na economia, se apresentando como uma importante ferramenta. Portanto, este estudo pode servir como base para novos estudos, em especial no que se refere aos estudos de problemas econômicos por meio da Neuroeconomia.

SUGESTÕES E RECOMENDAÇÕES

Um trabalho de pesquisa raramente se esgota em si mesmo. Sendo ele mais do que uma tentativa de responder a um questionamento, possibilita inclusivamente abrir caminho para a solução de outros problemas que fogem do escopo do estudo.

Desta forma, vislumbra-se algumas sugestões para pesquisas que porventura possam vir a ser levadas a cabo, conforme as apontadas a seguir:

- ✓ Como os fatores hormonais influem na tomada de decisão econômica?
- ✓ Qual a magnitude dos efeitos negativos decorrentes da existência do viés cognitivo?
- ✓ Até que ponto a cultura de um povo influi na tomada de decisão decorrente de ambientes de incerteza econômica? A este propósito pense, por exemplo, nos programas de resgate da União Europeia aos seus membros que, na década de 2010, solicitaram apoio, o que constitui outro exercício interessante.
- ✓ Qual a correlação entre o sistema de recompensa cerebral e a relação dos agentes econômicos com o governo e as entidades reguladoras do setor elétrico?
- ✓ Em que proporção a genética e a memética influem no comportamento econômico?
- ✓ Qual o impacto de mensagens subliminares para a adoção de um modal de energia na economia? Note-se, por exemplo, a proibição de publicidade com mensagens subliminares em países como Portugal, face às questões envolvidas.

- ✓ Será que os aspectos comportamentais e neurológicos de bens privados se aplicam às decisões referentes aos bens comuns ou públicos?
- ✓ Qual a melhor forma de modelagem em Neuroeconomia em termos gerais?
- ✓ Como se pode proceder em termos de aplicação de metodologias de mapeamento cerebral com a RMf em agentes do setor elétrico brasileiro?
- ✓ Pode fazer-se uma aplicação da neuronegociação ao processo de tomada de decisão no setor elétrico?
- ✓ Como pode a neuroprobabilidade se refletir no estudo da vida real dos agentes econômicos neste âmbito?

Portanto, os desafios são enormes e detalhar aqui estes desafios não permite mais do que apresentar objetivos de fundo numa área muito complexa e que requer novas vertentes de estudo e que numa base mais ampla ficamos disponíveis para abraçar em projetos futuros.

BIBLIOGRAFIA

ABRANTES, M. L. (2004), *Teoria dos jogos e os oligopólios*, Luanda, Multitema.

AINSLIE, G.; MONTEROSSO, J. (2004), *A market place in the brain?*, Science, Vol. 306, No. 5695, pp. 421–423.

AKERLOF, G. A.; SHILLER, R. J. (2010), *O espírito animal*, Rio de Janeiro, Campus.

ALVARENGA, G. (2010), *Noradrenalina, Dopamina e serotonina*, disponível em: http://www.galenoalvarenga.com.br/tag/neurotransmissores, acesso em: 10 de setembro de 2011.

ANDRADE, M. (2010), *A Note on Foundations of Probability*, Journal of Mathematics and Technology, 1 (1):96–98.

ANDRADE M.; FERREIRA, M. A. M. (2010), *Janus probability two faces in court*, Journal of the Greek Statistical Association, 6: 3–14.

ANDRADE, M.; FERREIRA, M. A. M.; FILIPE, J. A.; COELHO, M. (2013), *Neuroprobability — The Janus Probability Third Face in Court*. IIOAB Special Issue.

ARAÚJO, L. C. (2012), *Fundamentos de Neurociências e comportamento*, disponível em: http://www.cefala.org/~leoca/neuroscience/neurociencia.pdf, acesso em: 12 de junho de 2012.

ARIELY, D. (2009), *O fim da economia racional*, Harvard Business Review, São Paulo, Duetto.

ARIELY, D. (2008), *Previsivelmente irracional*, São Paulo, Campus.

BARRETO, E. J.; PINHO, J. T.; FILHO, G. L.; RENDEIRO, G.; NOGUEIRA, M.; GONZALEZ, W. A. (2008), *Tecnologias de Energias Renováveis: Soluções energéticas para a Amazônia*, Brasília, Ministério de Minas e Energia.

BARRETO, E. J.; CORREIA, J. C.; GONZALEZ, W. A. (2008), *Biodiesel e óleo vegetal in natura: Solução energética para a Amazônia*, Brasília, Ministério de Minas e Energia.

BARRETO, E. J. (2008), *Combustão e gasificação de biomassa sólida: solução energética para a Amazônia*, Brasília, Ministério de Minas e Energia.

BARRETO, E. J.; TIAGO, G. L. (2008), *Pequenos aproveitamentos hidroelétricos: solução energética para a Amazônia*, Brasília, Ministério de Minas e Energia.

BARROS, F. (2012), *Trepanação*, Universidade de Trás-os-Montes e Alto Douro.

BENARTZI, S.; THALER, R. (2001), *How much is investor autonomy worth?* Ucla.

BERNHEIM, D. B. (2008), *Neuroeconomics: a sober Appraisal*, NBER Working Paper, No. 13954.

BERNS, G. (2009), *O Iconoclasta*, Rio de Janeiro, Best Seller.

BERRIDGE, K.C. (2003), *Pleasures of the brain*, Brain and Cognition, Vol. 52, No. 1, pp. 106–128.

BITTENCOURT, S. (2012), *Neuromoduladores e neurotransmissores: visão geral*, São Paulo, UNIFESP, disponível em: www.neurofisiologia.unifesp.br/neuromoduladores_nocaogeral_simonebittencourt.pdf, acesso em: 4 de junho de 2012.

BREMMER, I. (2011), *O fim do livre mercado*, São Paulo, Saraiva.

BRESSAN, R. A.; BIGLIANI, V.; PILOWSKY, L. S. (2001), *Neuroimagem de receptores D2 de dopamina na esquizofrenia*, Revista Brasileira de Psiquiatria, Vol. 23, pp. 01–06.

CÁCERES, F. (1996), *História do Brasil*, São Paulo, Moderna.

CAMARGO, P. (2011), *Se estiver ovulando não vá ao shopping*, Ribeirão Preto, BIOCC.

CAMARGO, P. (2010), *Comportamento do consumidor*, Ribeirão Preto, Novo Conceito.

CAMERER, C. (2007), *Neuroeconomics: using neuroscience to make economic predictions*, Economic Journal, No. 117 (March), C26–C42.

CAMERER, C.; LOEWNSTEIN, G.; PRELEC, D. (2005), *Neuroeconomics: How Neuroscience Can Inform Economics*, Journal of Economic Association, Vol. 43, No. 1, pp. 9–64.

CAMPELO, A. D. (2010), *Análise de dados de Imagem por Ressonância Magnética Funcional utilizando Mapas auto-organizáveis*, Belém, UFPA, dissertação do curso em Matemática e estatística da Universidade Federal do Pará (UFPA).

CAPLIN, A.; DEAN, M. (2007), Axiomatic neuroeconomics, neoclassical economic approach, *Neuroeconomics: decision making and the brain*, Elsevier.

CARPENTER, J. P.; MATTHEWS, P. H. (2003), *Beliefs, Intentions and Emotions: Old versus New Psychological Game Theory*, Middlebury, Departament of Economics Middlebury College.

CHAVAGLIA, J. N.; RAMALHEIRO, B.; FILIPE, J. A. (2012), *Neuromarketing: o efeito de ancoragem, do contexto e o papel dos neurotransmissores*, São Paulo, Baraúna.

CHAVAGLIA, J. N.; FILIPE, J. A. (2012), *Neuroeconomia: análise das decisões relativas a bens comuns*, Revista do Especialista, Vol.1, No. 1, pp. 01–12.

CHAVAGLIA, J. N.; FILIPE, J. A.; RAMALHEIRO, B. (2011), *Neuromarketing: Consumers and the anchoring effect*, International Journal of Latest Trends in Finance & Economic Sciences, Vol. 1, No. 4.

CHAVAGLIA, J. N.; FILIPE, J. A. (2011), *A view of common property through neuroeconomics in the context of decision-making processes*, International Journal of Academic Research, Vol. 3, No. 3, May, I Part.

CHIANG, A. (1982), *Matemática para economistas*, São Paulo, McGraw-Hill.

COELHO, M. A. (2006), *Dopamina I*, Porto, Universidade de Medicina do Porto, disponível em: http://users.med.up.pt/cc04-10/Farmaco/auladesgravadadopamina1.pdf, acesso em: 4 de junho de 2012.

COELHO, M.; LOPES, R. (2002), *Straddling Stocks and the Management of High Sea Fisheries*, Annual Conference of the European Association of Fisheries Economists, EAFE / Universidade do Algarve — Faculdade de Economia, disponível em: http://www.ualg.pt/feua/uk/eafe/, acesso em: 9 de novembro de 2012.

COHEN, D. (2011), *A linguagem do corpo*, São Paulo, Vozes.

CREMA, L. (2007), *Efeito do estresse crônico repetido e da reposição com estradiol sobre a nocicepção, a liberação e a captação de glutamato e o estresse oxidativo em medula espinhal de ratas ovariectomizadas*, Porto Alegre, UFRS, Trabalho apresentado como dissertação de mestrado.

DAMÁSIO, A. R. (2010), *Lembrando de quando tudo aconteceu*, Scientific American, São Paulo, Duetto.

DAMÁSIO, A. R. (2010), *O livro da consciência: A construção do cérebro consciente*, Lisboa, Temas e debates: Círculo de leitores.

DANNETT, D. (1987), *The intentional Stance*, Cambriedge Massachusetts, MIT Press.

DAWID, A. P. (2004) *Probability, Causality and the Empirical World: A Bayes — de Finetti — Popper — Borel Synthesis*, Statistical Science, 19: 44–57.

DAWID, A. P. (2005), *Statistics on Trial*, Significance, 2: 6–8.

DAWKINS, R. (2007), *O gene egoísta*, São Paulo, Companhia das Letras.

DE FINETTI, B. (1974), *Theory of Probability*, John Wiley and Sons.

DEAN, M. (2012), *What can neuroeconomics tell us about economics*, disponível em: http://www.econ.brown.edu/fac/Mark_Dean/Working_Paper_5.pdf/, acesso em: 22 de janeiro de 2013.

DEISSEROTH, K. (2010), *Luz para controlar o cérebro*, Scientific American Brasil, No. 103, pp. 34–41.

DEMSKI, L. S.; NORTHCUTT, R. G. (1983), *The terminal nerve: a new chemosensory system in vertebrates?*, Science, vol. 220, No. 4595, pp. 435–437.

DEPARTMENT OF PHILOSOPHY UNIVERSITY OF TORONTO (2009), *Decision-making: A Perspective*, Toronto, University of Toronto.

DI LASCIO, M. A.; BARRETO, E. J. (2009), *Energia e desenvolvimento sustentável para a Amazônia Rural Brasileira: Eletrificação de comunidades isoladas*, Brasília, Kaco.

DOBB, M. (1983[1963]), *A evolução do capitalismo*, São Paulo, Abril Cultura. Título Original: Studies in the development of capitalism (1963), Londres, Routledge and Kegan Paul Ltd., Traduzido para o português por Manuel do Rêgo Braga.

DORNBUSCH, R.; FISCHER, S. (2006), *Macroeconomia*, São Paulo, Pearson.

EDUARDO. J. C. (2009), *Neuroeconomia*, Lisboa, Sílabo.

EKELAND, I. (1995), *O caos*, Lisboa, Instituto Piaget.

EKEMAN, P. (2010), *Darwin's Compassionate View of Human Nature*, The Journal of the American Medical Association, No. 10, Vol. 303, pp. 557–558.

ENGISCH, K. (2001), *Introdução ao Pensamento Jurídico*, Fundação Calouste Gulbenkian.

ESTEVAM, I. S. (2005), *Manual de Métodos e Técnicas de Pesquisa Científica*, Niterói, Impetus.

FEHR, E.; CAMERER, C. (2007), *Social neuroeconomics: the neural circuitry of social preferences,* Trends in cognitive sciences, Elsevier.

FEHR, E.; FISCHBACHER, UR. (2004), *Third-party punishement and social norms.* Evolution and human behavior.

FELTEN, D. L.; SHETTY, A. N. (2010), *Atlas da Neurociência,* Rio de Janeiro, Elsevier.

FERREIRA, M. A. M.; ANDRADE, M. (2011), *A note on partial derivatives equations and utility functions*, Journal of Economics and Engineering, Vol. 2, No. 1, pp. 23–24.

FERREIRA, M. A. M.; AMARAL, I. (2005), *Integrais Múltiplos e Equações Diferenciais,* Edições Sílabo, 5ª Edição, Lisboa.

FERREIRA, M. A. M.; AMARAL, I. (2002), *Cálculo Diferencial em $\mathbb{R}^n$*, Lisboa, Edições Sílabo, 5ª Edição.

FILIPE, J. A. (2009), *A Note on the Drama of the Commons. How to Deal with an old Problem in Natural Resources: The Resources Overexploitation*, International Journal of Academic Research, Vol. 1, No. 2, November 2009, pp. 162–164.

FILIPE, J. A.; COELHO M.; FERREIRA, M. A. M. (November 2009), *The importance of the enlargement of economic exclusive zones for the fisheries*, International Journal of Academic Research, Vol. 1, No. 2, pp. 158–161.

FILIPE, J. A. (2007), *The Drama of Fishing Commons: Cournot-Nash Model and Cooperation,* Working Paper, Departamento de Economia — ISEG (WP030/2007/DE), http://www.iseg.utl.pt/departamentos/economia/wp/wp0302007de.pdf, ISSN Nº 0874-4548, Lisboa, ISEG/UTL.

FILIPE, J. A.; FERREIRA, M. A.; COELHO, M. (2007), *O Drama dos Recursos Comuns nas Sociedades Actuais: à procura de soluções para os Ecossistemas em perigo*, Edições Sílabo, Lisboa.

FILIPE, J. A. (2006), *O Drama dos Recursos Comuns. Um caso de Aplicação da Teoria dos Jogos aos Comuns da Pesca. Estudo da Cooperação aplicada à pesca da sardinha nas Divisões VIIIc e IXa do ICES, Lisboa,* PhD Thesis presented at ISCTE.

FILIPE, J. A.; FERREIRA, M. A.; COELHO, M. (19–22 July 2006), *The Drama of the Commons: an Application of Cournot-Nash Model to the Sardine in Portuguese Waters, Thirteen Annual International Conference on Advances in Management (ICAM 2006), Proceedings, http://icam2006.eg.iscte.pt/, Lisboa.

FOX, J. (2005), *The R Commander: A Basic-Statistics Graphical User Interface to R*, Journal of Statistical Software, Vol. 14, No. 9.

FRANK, R. H. (2008), *O naturalista da economia*, Rio de Janeiro, Best Business.

GARCIA, J. R.; SAAD, G. (2008), *Evolutionary neuromarketing: Darwinizing the neuroimaging paradigm for consumer behaviour*, Journal of Consumer Behaviour, Vol. 7, pp. 397–414.

GARVIN, D. A.; EDMONDESON, A. C.; AND GINO, F. (2008), *Is Your Learning Organization?* Havard Business Review.

GARATTONI, B.; CASTRO, C.; BUSTAMANTE, P. (2012), *As 6 máquinas que vão mudar a medicina*, Super Interessante, São Paulo, Abril, No. 313, pp. 57–61.

GATTASS, R.; MALL, J.; ANDREIULO, P.A.; FEITOSA, P. H. (2011), *Fundamentos de Ressonância Magnética Funcional*, Rio de Janeiro, UFRJ.

GENESOVE, D.; MAYER, C. (2001), *Loss aversion and seller behavior: evidence from the housing market*, Quarterly journal of economics, No.116, Vol. 4, pp. 1233–1260.

GIANNOTTO, E. C. (2009), *Uso de rastreamento do olhar na avaliação da experiência do tele-usuário de aplicações de TV interativa*, Apresentado como dissertação de mestrado, São Paulo, Escola Politécnica de São Paulo.

GILLIES, D. (2000), *Philosofical Theories of Probability*, Routledge.

GINO, F.; PISANO, G. (2007), *Toward a theory of behavioral operations*, Boston, Harvard Business School.

GLADWELL, M. (2009), *O ponto da virada*, Rio de Janeiro, Sextante.

GLIMCHER, P. W. (2008), *Choice: towards a standard Back-pocket model*, The Neural Mechanism Choice, pp. 501–519.

GLIMCHER, P. W. (2004), *Decisions, uncertainty, and the brain: the science of neuroeconomics*, a Bradford Book.

GOLDBERG, S. (2010), *Neuroanatomia Clínica: Ridiculamente Fácil*, Porto Alegre, Artmed.

GOLEMAN, D. (2011), *O cérebro e a inteligência emocional: novas perspectivas*, Rio de Janeiro, Objetiva.

GOLEMAN, D. (1996), *Inteligência emocional*, Rio de Janeiro, Objetiva.

GRAEFF, F. (2003) *Serotonin, the periaqueductal gray and panic*, Neuroscience and Biobehavioral Reviews 28: 239–259.

GREENE, J. D.; SOMMERVILLE, R. B.; NYSTROM, L. E.; DARLEY, J. M.; COHEN; J. D. (2001), *An fMRI Investigation of Emotional Engagement in Moral Judgment*, Science, Vol. 293, No. 5537, pp. 2105–2108.

GREENE, J. D.; NYSTRON, L. E.; ENGELL, A. D.; DARLEY, J. M.; COHEN; J. D. (2004), *The neural bases of cognitive conflict and control in moral judgment*, Neuron, Vol. 44, pp. 389–400.

GUJARATI, D. (2000), *Econometria Básica*, São Paulo, Pearson Makron Books.

GUL, F.; PESENDORFER, W. (2005), *The case for mindless economics*, pp. 01–48.

HARDIN, G. (1968), *The Tragedy of the Commons*, Science, No. 162, pp. 1243–1248.

Hart, C. (2010), *Os segredos da serotonina*, São Paulo, Cutrix.

HARRISON, G. W. (2008), *Neuroeconomics: A Critical Reconsideration*, University of Central Florida, Vol. 8, No. 1.

HAYASHIDA, S. A.; HALBRE, H. W.; LOPES, C. M.; BORATO, M. G.; CORRÊA, L. (2013), *Endorfinas em ginecologia*, disponível em: http://www.moreirajr.com.br/revistas.asp?fase=r003&id_materia=2284, acesso em: janeiro 2013.

HILL, M.; HILL, A. (2008), *Investigação por questionário*, Lisboa, Sílabo.

HUNT, E. K. (1981), *História do pensamento econômico*, Rio de Janeiro, Campus.

HUNT, E. K.; SHERMAN, H. J. (1977), *História do pensamento econômico*, Petrópolis, Vozes.

IYENGAR, S. S.; LEPPER, M. R. (2000), *When choice is demotivating: can one desire too much of a good thing?*, Journal of Personality and Social Psychology.

IORGA, A. (2012), *Neuromarketing in a multicultural context*, neuromarketing magazine: theory — practice, No. 2, pp. 14–15.

JANOS, M. (2009), *Matemática e natureza*, São Paulo, Livraria da Física.

JAYNES, E. T. (1995), *Probability Theory: The Logic of Science*. http://bayes.wustl.edu/etj/prob/book.pdf.

JESUS, J. A. L. (2011), *Condutância da pele como indicador de dor aguda no recém-nascido: estudo comparativo com frequência cardíaca, saturação de oxigênio e escalas comportamentais de dor*, Brasília, Universidade de Brasília, tese de doutorado em Medicina.

KAHNEMAN, D. (2012), *Rápido e devagar: duas formas de pensar*, Rio de Janeiro, Objetiva.

KAHNEMAN, D.; TVERSKY, A. (2009), *Época negócios*, Rio de Janeiro, Globo.

KAHNEMAN, D.; KITSCH, J. L.; THALER, R. (1990), *Experimental tests of the endowment effect and the Coase theorem*, Journal of Political Economy, No. 98, pp. 1325–1348.

KAHNEMAN, D.; TVERSKY, A. (1974), *Judgment under uncertily: heuristics and bieses*, Science.

KANEGANE, K. (2007), *Ansiedade ao tratamento odontológico de urgência e a sua relação com a dor e os níveis de cortisol salivar*, dissertação de mestrado em odontologia, Universidade de São Paulo (USP).

KARAM, L. (2007), *Janelas para o infinito*, Porto Alegre, Neurosoft.

KING, M. W. (2000), *Neurotransmissores: diversidades e funções, Cérebro e mente: fundamentos*, disponível em: http://www.cerebromente.org.br/n12/fundamentos/neurotransmissores/nerves_p.html, acesso em: 23 de novembro de 2012.

KOLMOGOROV, A. N. (1956[1933]), *Grundbegriffe der Wahrscheinlichkeitsrechnung*. Berlin: Julius Springer (1933) (in German). Translation: Kolmogorov, A. N., Foundations of the Theory of Probability (2nd ed.), New York: Chelsea.

KUDRYOVTREW, A.; COHEN, G.; PAVLODSKY, J. (2012), I*ncorporating Weekend Information in Stock Prices: Evidence from Israeli Stock Market*, Journal of Finance and Investment Analysis, vol. 1, No. 4, pp. 1–14.

KYBURG, H. E.; AND SMOKLER, H. E. (1964), *Studies in Subjective Probability*, John Wiley and Sons, New York.

LARENZ, K. (1997), *Metodologia da Ciência do Direito*, Fundação Calouste Gulbenkian.

LARSEN, T. (2008), *A neuroeconomics model*, Roma, IAREP/SAPE.

LEDOUX, J. E. (2000), *The circuits in the brain*, Annual Reviews Neural Science, No. 23, pp. 155–184.

LEDOUX, J. E (1998), *Fear and the brain: where have we been, and where are we going?*, Biological Psychiatry, Vol. 44, No. 12, pp. 1229–1238.

LEDOUX, J. (1996). *O cérebro emocional: Os misteriosos alicerces da vida emocional*, Rio de Janeiro, Objetiva.

LEE, D. (2005), *Neuroeconomics: making risky choices in the brains*, Nature Neuroscience, Vol. 8, No. 9, pp. 1129–1130.

LEVITT, S. D.; DUBNER, S. J. (2009), *Freakonomics*, New York, Harper.

LEVY, N. (2009), *Ethical and Political Challenges*, Ethics & Politics, Vol. XI. Melbourne.

LIMA, M; SAPIRO, A.; VILHENA, J. B.; GANGANA, M. (2007), *Gestão de Marketing*, Rio de Janeiro, FGV.

LINDSTROM, M. (2009), *Época negócios*, Rio de Janeiro, Globo.

LINDSTROM, M. (2008), *Buyology: How everything we believe about why we buy is wrong*, House Business Books.

LOPES, J. C.; ROSSETI, J. P. (1993), *Economia monetária*, São Paulo, Atlas.

LOPES, L. M.; VASCONCELLOS, M. A. (2000), *Manual de Macroeconomia*, Atlas, São Paulo.

LUQUE, C. A.; SCHOR, S. M. (2000), *Manual de macroeconomia*, São Paulo, Atlas.

MACRAE, C. N.; HEARTHERTON, T. F.; KELLY, M. (2004), *A self less ordinary: the medial prefrontal cortex and you*, Cognitive Neurosciences, No. 3

MAKRIDAKIS, S.; HIBON, M. (2000), *The M3-Competition: results, conclusions and implications*, International Journal of Forecasting, Vol. 16, pp. 451–476.

MALDONADO M.; DELL'ORCO, S. (2010), *Esferas conscientes e inconscientes*, American Science Brasil, No. 40, pp. 22–29.

MARQUÉS, G. (2009), *¿De qué sirve maximizar la utilidad esperada?, Racionalidad, Economía e Interdisciplinariedad*, Buenos Aires, Faculdad de Ciencias Económicas/Universidade de Buenos Aires.

MARX, K.; ENGELS, F. (2009), *O manifesto comunista*, São Paulo, Paz e Terra.

MARX, K. (2002), *Manuscritos Econômico-Filosóficos*, São Paulo, Martin Claret.

MARX, K. (1982), *Para a crítica da economia política; salário, preço e lucro; o rendimento e suas fontes*, São Paulo, Abril Cultural.

MATESCO, V. R. (2007), *Economia aplicada*, Rio de Janeiro, FGV.

MCCLURE, S. M.; LI, J.; TOMLIN, D.; CYPERT, K.S.; MONTAGUE, L. M.; MONTAGUE, P. R. (2004), *Neural correlates of behavioral preference for culturally familiar drinks*, Vol. 44, No. 2, pp. 379–387.

MEDEIROS, R. (2012), *Cérebro: um simulador de ação*, Psique, No. 76, pp. 24–31.

MEDINA, J. (2010), *Ninguém presta atenção em coisa chata*, Scientific American (mente & cérebro), São Paulo, Duetto.

MIGNOZZETTI, U. G. (2009), *Introdução ao R Commander*, disponível em: http://www.nadd.prp.usp.br/cis/arqs/aprcm-dr.pdf, acesso em: 5 de fevereiro de 2013.

MILL, J. S. (1885), *Principles of political economy*, New York, D. Appleton and Company.

MONASTERIO, A. (2005), *Las Implicaciones Morales de la neuroeconomia*, Fronésis, San Sebastian.

MONTAGUE, P. R. (2007), *Neuroeconomics: a view from neuroscience*, Funtional Neurology, No. 22, pp. 219–234.

MORIN, C. (2012), *Neuromarketing and ethics*, Neuromarketing: theory & practice, No.1, pp. 14–17.

MORSE, G. (2009), *No horizonte: seis fontes de energia ilimitadas?*, Harvard Business Review.

MURTEIRA, B. J. F. (1988), *Estatística: Inferência e Decisão*, Imprensa Nacional, Casa da Moeda.

NASCIMENTO, M. J. (2011), *O papel da neurociência no processo de aprendizagem*, Rio de Janeiro, Universidade Cândido Mendes.

NASCIMENTO, L. (2006), *Gestores de pessoas*, Rio de Janeiro, Qualitymark.

NEUMAERKER, B. (2007), *Neuroeconomics and the Economic Logic of Behavior*, Analyse & Kritik, No. 29, pp. 60–85.

NOGAMI, O.; PASSOS, C. M. (1999), *Princípios de economia*, São Paulo, Pioneira.

OLIVEIRA, M. (2010), *Anatomia, neurologia e sistema nervoso*, disponível em: http://www.infoescola.com/anatomia-humana/cerebro/.

OULLIER, O. (2012), *Clear up this fuzzy thinking on brain scans*, Nature, disponível em: www.nature.com.

OVADIA, D. (2010), *O prazer de doar*, Scientific American, No. 215, São Paulo, Duetto.

PANKSEEP, J. (1998), *Affective neuroscience*, disponível em: http://archive.ispub.com/journal/the-internet-journal-of-mental-health/volume-7-number-1/anger-by-any-other-name-sampling-the-domain.html#sthash.GqkgClWn.dpuf, acesso em: Maio de 2013, New York: Oxford University Press.

PELISSARI, R. (2009), *Análise empírica de dados multinomiais*, dissertação de mestrado em Ciências da Computação e Matemática Computacional pelo Instituto de Ciências Matemáticas e de Computação (ICMC-USP).

PERELMAN, C. (1990), *Ética e Direito*, Coleção Direito e Direitos do Homem, Instituto Piaget.

PETERS, T. (1998), *O círculo da inovação*, São Paulo, Harbra.

PHELPS, E. A. (2008), *Social Decision-Making, Neuroeconomics and Emotion*, The Study of Emotion in Neuroeconomics, pp. 233–247.

PINDYCK, R. (2002), *Microeconomia*, São Paulo, Pearson.

RENVOISÉ, P.; MORIN, C. (2009), *Neuromarketing: O centro nevrálgico da venda*, Lisboa, Smartbook.

RICARDO, D. (1962), *The principles of political economy and taxation*, Londres, Dent.

RIZZOLETTI, G.; FOGASSI, L.; GALLESE, V. (2010), *Espelhos da mente*, Scientific American, No. 40, pp. 69–77.

ROBERT, J. M. (1994), *O cérebro*, Lisboa, Instituto Piaget.

ROCHA, A. F.; MASSAD, E.; ROCHA, F. T. *The Neuroeconomics of Emotional Conflicts in Moral Dilemma Judgment*, disponível em: http://www.eina.com.br/trabalhos/dilema.pdf, acesso em: 9 de abril de 2013.

RODRIGUES, F. (2011), *Influência do Neuromarketing nos processos de tomada de decisão*, Viseu, Psicosoma.

RODRIGUES, F.; BÚRCIO, C.; SEQUEIRA, S.; FERREIRA, S. C. (2011), *A amígdala e núcleo accumbens no processo de tomada de decisão*, Influência do Neuromarketing nos processos de tomada de decisão, Viseu, Psicosoma.

ROLLS, E. (1999), *Spatial view cells and the representation of place in the primate hippocampus*, disponível em: http://www.utdallas.edu/~tres/spatial/rolls.99.pdf, acesso em: Maio de 2013.

SAMUELSON, P. A. (1972), *Introdução à análise econômica*, Rio de Janeiro, Agir.

SANCHES, L. A. (2011), *A geografia da energia no Brasil: Parte 1*, Geografia, No. 38, São Paulo, Escala, pp. 40–47.

SANDRONI, P. (2007), *Novíssimo dicionário de economia*, São Paulo, Best Seller.

SAVAGE, L. J. (1954), *The Foundations of Statistics*, John Wiley and Sons, Inc. New York.

SCARONE, E. R. (2009), *La evolución de valor económico y La teoria de La Decisión, Racionalidad, economía e interdiciplinalidad*, Facultad de Ciencias Económicas/Universidad de Buenos Aires, pp. 11–58.

SCHUMPETER, J. A. (1982[1964]), *Teoria do desenvolvimento econômico*, São Paulo, Abril Cultural. Título Original: Theorie der Wirtschaftlichen Entwicklung (1964), Duncker & Humblot. Traduzido para o Inglês por Redvers Opie.

SIMSON, A. K. (2010), *Neuromarketing, emotions and campaigns*, Management of Creative Business Processes.

SIMONSOHN, U.; KARLSSON, N.; LOEWENSTEIN, G.; ARIELY, D. (2008), *The tree of experience in the forest of information: Overweighing experienced relative to observed information*, Games and Behavioral Economics, pp. 62, 263–286, Elsevier.

SMITH, A. (1996[1776]), *A riqueza das nações: investigação sobre a sua natureza e suas causas*, São Paulo, Nova Cultura. Título Original: Na Inquiry Info the Nature and Causes of the Wealth of Nations (1776), W. Strahan e T. Cadell. Traduzido para o português por Luiz João Baraúna.

Taleb, N. (2009), *A lógica do cisne negro*, Rio de Janeiro, Best Seller.

TAVARES, T. F. (2008), *Eye tracking e a fonoaudiologia: teoria e práticas atuais*, Revista brasileira de fonoaudiologia, vol. 13, No. 4.

TEIXEIRA, A.; PORTO, E. (2009), *Época negócios*, Rio de Janeiro, Globo.

TETLOCK, P. E. (2006), *Expert Political Judgment: How Good Is It? How Can We Know?*, Princeton University Press.

THALER, R. H.; SUNSTEIN, C.R. (2008), *Nudge*, Lisboa, Academia do Livro.

TOLEDO, G. L. (2010), *Memética: a invasão das mentes*, Filosofia, São Paulo, Escala.

TVERSKY, A.; KAHNEMAN, D. (1982), *Judgments of and by representativeness*, Cambridge Universit Press, pp. 84–98.

TVERSKY, A.; KAHNEMAN, D. (1981), *The framing of decisions and the psychology of choice*, Science, News Series, Vol. 211, No. 4481, pp. 453–458.

TVERSKY, A.; KAHNEMAN, D. (1974), *Judgment under uncertily: heuristics and bieses*, Science.

TYSZKA, T.; ZIELONKA, P. (2002), *Expert Judgments: Financial analysts Versus Whethar forecasters*, Journal of Pschology and Financial Markets, Vol. 3, No. 3, pp. 152–160.

VARIAN, H. (2006), *Microeconomia: princípios básicos,* Rio de Janeiro, Campus.

VASCONCELLOS, S. J.; MACHADO, S. S. (2006), *Construtivismo, psicologia experimental e neurociência*, Psicologia Clínica, Vol. 18, No. 1, pp. 83–94.

VELASQUEZ, D. (2011), *Cérebro triuno*, disponível em: http://davidvelasquez-01.blogspot.com.br/2011/10/cerebro-triuno.html, acesso em: 25 de outubro de 2012.

VERGARA, S. C. (2004), *Projetos e relatórios de pesquisa em administração,* São Paulo, Atlas.

WALTER, O. M.; HENNING, E.; SAMOHYL, R. W. (2011), *R commander como suporte no ensino de controle estatístico da qualidade*, Blumenal, COBENGE.

WEL, P.; TOMPAKOW, R. (1986), *O corpo fala*, Rio de Janeiro, Vozes.

ZACK, P. J. (2004), *Neuroeconomics,* the royal society, No. 359, pp. 1737–1748.

ZIMMER, C. (2010), *Quem sou eu?*, American Science Brasil, No. 40, pp. 7–13.

Outros Documentos

ANEEL, disponível em: http://www.aneel.gov.br, acesso em: 22 de dezembro de 2012.

ANP, disponível em: http://www.anp.gov.br, acesso em : 22 de dezembro de 2012.

ASSOCIAÇÃO PAULISTA DE SUPERMERCADOS, 2011. Inovação: simplificando a vida do consumidor. APAS.

DIALÉTICA MARXISTA (2012), disponível em: http://pt.wikipedia.org/wiki/Dialética_marxista, acesso em: 16 de setembro de 2012.

ELETROBRAS (2012), disponível em: http://www.eletrobras.com/elb/data/Pages/LUMIS293E16C4PTBRIE.htm, acesso em: 22 de dezembro de 2012.

ESCELSA (2012), História da energia elétrica no brasil, disponível em: http://www.escelsa.com.br/aescelsa/historia--ee-brasil.asp.

GARRISON INSTITUTE REPORT, (2010), *Behavioral economics, neuroeconomics, and climate change policy*, Baseline Review for the Garrison Institute Initiative on Climate Change Leadership.

GOVERNO DO PARÁ, (2006). Oportunidades do Pará, Belém, Michelin.

IBGE. (2008), *O Brasil em números,* Rio de Janeiro, IBGE.

http://wwwmdtbneurociencia.blogspot.com.br/2010/04/o-cerebro.html.

Image credit: <a href='http://pt.123rf.com/photo_17753193_human-brain.html'>mitay20 / 123RF Banco de Imagens</a>.

Image credit: <a href='http://pt.123rf.com/photo_13920233_pink-brain-a-top-view.html'>stockerteam / 123RF Banco de Imagens</a>

LEI EUSÉBIO DE QUEIRÓS, disponível em: http://pt.wikipedia.org/wiki/Lei_Eusébio_de_Queirós, 2012, acesso em: 13 de novembro de 2012.

MINISTÉRIO DE MINAS E ENERGIAS, disponível em: http://www.mme.gov.br/mme, acesso em: 22 de dezembro de 2012.

PETROBRAS (2012), disponível em: http://www.petrobras.com.br/pt/, acesso em: 22 de dezembro de 2012.

PROGRAMA LUZ PARA TODOS, disponível em: http://luzparatodos.mme.gov.br/luzparatodos/Asp/o_programa.asp, acesso em: 22 de dezembro de 2012.

ÍNDICE

A

ação individual, 38
Acetilcolina (ACh), 53
a grande depressão, 6
Akerlof, George, 7, 111
Amazônia, 114
Ambient Experience, 65
amígdala, 116
análise
   de variância, 127
   econômica, 23
Apple, 104
arma fundamental da Neuroeconomia, 121
arousal, 66
aspectos endógenos, 33
atividade
   comercial, 103
   eletrodérmica, 66

autocontrole, 99
autoflagelação econômica, 83
axioma, 4
   de Kolmogorov, 140

B

Bastiat, Claude Frédéric, 17
Belém–PA, 175
bem-estar, 22
Bernard, Claude, 46
Bois-Reymond, Emil du, 46
Bolsa de Nova York, 6
Bouchaud, Jean-Philippe, 108

C

Cabo Ocidental da África do Sul, 98
Cajal, Ramón y, 46
campanhas de Marketing, 106
campo emergente, 4

Capitalismo e Liberdade, 11
centros para linguagem, 86
cérebro
   humano, 48
   cérebro reptiliano, 43, 107
Chicago, 7
ciclos econômicos, 105
Ciência Econômica, 7
Cluster, 192
coeficiência arbitrária, 104
compreensão das decisões, 48
comunidade científica, 124
conceito de probabilidade, 149
condutância da pele, 66
Congresso Brasileiro, 156
consciência, 76
contexto
   negativo, 112, 167
   positivo, 112

corpo caloso, 49
correlação
  (do tipo Pearson), 127
  (do tipo Spearman), 127
córtex
  cingulado, 33
  pré-motor, 86
Cortisol, 22, 55
crash, 6

D

Damásio, António, 19, 78
Darwin, 90
decisões econômicas, 167
diamagnética, 65
dicionário de economia, 35
dilema da doença, 164
Dilema
  da Ponte Pedonal, 152
  do Carro Elétrico, 151
disciplina, 5
  científica, 202
discurso verbal, 49
Dopamina, 22, 52
dor, 86
Dornsife, David, 19

DRPE, 137
Duke University, 7

E

Economia, 3
economia
  comportamental, 24, 93
  ortodoxa, 93, 167
  tradicional, 24, 96, 110
economistas comportamentais, 99
EEG, 66
Efeito de Contexto, 94, 111
Egito Antigo, 44
ego, 78
Ehrlich, Paul, 46
Elementos químicos, 21
Eletrobras, 174
e-mails, 172
emoções básicas, 117
empatia, 86
Endorfina, 54
energias renováveis na Amazônia, 171
enquadramento teórico, 3
Equidade, 101
equilíbrio justo (real), 103

erro de análise, 4
Escola Neoclássica, 9
escola "utilitarista", 16
espírito animal, 6
estado de vigília, 79
estado neurológico vegetativo, 79
estatística, 3
  descritiva e indutiva, 126
estratégias racionais, 150
Estudos de Neuromarketing, 124
ética, 122
Etiópia, 88
EUA, 11
Experimento com *Eye Tracking*, 186
Eye Tracking, 61

F

fabricação de dopamina, 72
Facebook, 172
Face Reading, 60
farmacologia, 3
fatores
  fisiológicos, 21
  genéticos, 99
feixes de luzes, 71

ferramenta interdisciplinar, 131
fibras nervosas, 49
física, 3
Flourens, Pierre, 47
fluxo global da atividade nervosa, 50
França, 47
Franklin, Benjamin, 45
Freud, 44, 78
Fridman, Milton, 11
função
   de liberação de dopamina, 136
   de recompensa, 136
   de recompensa dopaminérgica, 136
   DRF, 136
Fundação Getúlio Vargas (FGV), 164

G

Galeno, 45
Galvani, Luigi, 45, 46
gânglios basais, 50
gaze plot, 190
geração de valor, 8
Gestão de Empresas, 94
Gillies, 146
Glasgow, 8
Glimcher, 131

globo terrestre, 118
Golgi, Camillo, 46
Governo Brasileiro, 121
gráfico de cluster, 192
Grécia, 12
Gul, 3

H

Hall, Varian, 111
Harvard, 7
head mounted, 184
heatmap, 62
Heat map, 188
Helmholtz, Hermann Von, 46
hemisférios cerebrais, 49
Hill, 172
hipocampo, 33, 50, 85
Hipócrates, 45, 109
hipotálamo, 33, 50, 82
hipótese dopaminérgica, 133
História, 6
Hodgskin, 13
homeostase, 22, 50
homo economicus, 9, 167
Homo Neuroeconomicus, 41

I

id, 78
imagem cerebral, 47
iMovie, 82
Incerteza, 96
inconsciência, 76
   temporal, 99
inconsciente, 4
Inglaterra, 11, 18
iPad, 104
Ipdois Neurobusiness, 62
iPhone, 104
iPod, 104

J

Jevons, Willian Stanley, 17
Jobs, Steve, 104
jogo de estratégia, 36
jogos de "soma zero", 36

K

Kahneman, 31
Kahneman, Daniel, 30
Keynes, John Maynard, 10
Kolmogorov, 139

L

lack of determinism, 201
Lagrange, 26
Langley, John, 46
Lei de Bayes, 141
leitores infravermelhos, 183
leitura
  corporal, 118
  facial, 110
lembranças duradouras, 84
linguagem militar, 85
LinkedIn, 172
lobo
  frontal, 50
  occipital, 50
  temporais, 33
Loteria Degenerada, 134
Lua, 23
Lucas, Robert, 11
lucro do proponente, 102

M

Mac, 104
MacLean, 56
Magnetoencefalograma (MEG), 68
mão invisível, 8
mapeamento ocular, 172
Marx, Karl, 6
matemática, 3
matriz
  de pagamentos, 38
  nula, 37
MBA em Gestão de Empresas, 164
medição da Neurociência, 4
medida de ativação, 66
medula espinal, 49
membrana pós-sináptica, 52
Memética, 90
Memória, 83
Menger, Carl, 18
metodologia axiomática, 132
Métodos Quantitativos, 128
Microexpressões Faciais, 175
microsiemens (µS), 68
Mill, John Stuart, 17
MIT, 7
Modelação neuroeconômica, 150
moral, 122
Morgenstern, Oskar, 35
Movie Maker, 82
Müller, Johannes, 46

Mullis, Kary, 88
multiplicadores de Lagrange, 26

N

Nash, John, 35
necessidade interna, 21
Neocórtex, 57
Neumaerker, 5
Neumann, John Von, 35
Neurociência, 3
  neurocientistas, 5
Neuroeconomia, 5, 93
neuroestímulo, 144
Neuromarketing, 118
neurônios, 43
  neurônios-espelho, 87
Neuroprobabilidade, 139, 144
neurotransmissor, 43
Newton, Isaac, 4
NOps (Número de Ondas por Segundo), 68
Noradrenalina, 54
normas sociais, 100
Nova York, 6
Núcleo Accumbens, 32

O

O livro da Consciência, 79
operações Booleanas, 139
optogenética, 69
ordem homogênea, 28
organismo, 49
  biológicos, 152
órgãos internos, 48
otimização condicionada, 26
oxi-hemoglobina, 65
Oxitocina, 55

P

Pelé, 84
percepção, 73
Pesendorfer, 3
PET, 63
Petty, Willian, 12
Phelps, 117
PNL (Programação Neurolinguística), 118
Prêmio Nobel de Economia, 7
presença do contexto, 167
princípio de Non Liquet, 142
problemas econômicos, 93

processo
  cerebral, 3
  de memória, 85
  de tomada de decisão, 115
  dinâmicos, 80
prova psicológica, 3
Psicanálise, 44
psicologia, 3

Q

questão do valor, 20
química, 3

R

raciocínio filosófico, 105
radiotraçador, 63
relações causa-efeito, 149
Ressonância Magnética Funcional, 47
Ressonância Magnética Funcional (fMRI), 64, 65
resultado coletivo, 38
resultados biológicos, 3
Ricardo, David, 13
Rio de Janeiro, 91
Rizzolatti, Giacomo, 86
RPE (Reward Prediction Error), 133

S

salto quântico, 47
São Paulo, 91
satisfação sexual, 50
Say, 16
SCMS (Skin Condutance Measure System), , 68
seleção Brasileira, 117
seleção natural, 21
Senior, Nassau Willian, 16
ser humano, 22
Serotonina, 53
Sherrington, Charles, 47
síntese, 41
Sistema Dopaminérgico, 133
sistema endócrino, 54
Sistema límbico, 57
sistema nervoso central (SNC), 48
sistema nervoso periférico (SNP), 48
Smith, Adam, 8
Substâncias endógenas, 63
Sunstein, Cass, 111
superego, 78
supressão pela repetição, 74

T

table mounted, 184
TAC (Tomografia Axial Computadorizada), 129
técnicas de pesquisa, 47
Técnicas de pesquisa em Neurociência e Neuroeconomia, 60
Técnicas
  de SPET e PET, 63
  não paramétricas, 126
  paramétricas, 126
  univariadas, 127
temperatura corporal, 50
Teorema de Bayes, 141
Teoria
  da Probabilidade, 139
  das decisões, 34
  da utilidade, 32
  de frequência, 145
  de lógica, 145
  de propensão, 145
  dos jogos, 35, 36
  dos três cérebros, 56
  do utilitarismo, 17
  do Valor Biológico, 19
  do Valor Trabalho, 12
  do Valor Utilidade, 15
  Matemática da Probabilidade, 139
  positiva do consumidor, 7
  racional, 40
  subjetiva, 145
terceira face de Janus, 147
termos econômicos, 101
Terra, 23
Teste
  Contexto, 168
  Wilcoxon, 127
testosterona, 55
Tetlock, 108
Thaler, Richard, 111
Thompson, William, 13
Tipos de consciência, 80
tomada de decisão, 3
Triunfo do Utilitarismo, 17
tronco cerebral, 50
Tversky, Amos, 30
Twitter, 172
Tyszka, 108

U

Universidade da Califórnia, 7
Universidade de Parma, 86
Universidades de Oxford, 8
University of London, 7
University of Southern California, 19
utilidade
  cardinal, 25
  marginal, 29
    marginal decrescente, 18
  tradicional, 4
utilitarismo, 15
utilitaristas, 16
utilização de axiomas, 4

V

valor biológico, 21
valor de troca, 12
vantagens mercadológicas, 95
Varian, 24
variável determinante, 22
verdadeira utilidade, 4
versão clássica e racional, 105
visão antagônica, 4

W

Walras, Léon, 18
Wernicke, Karl, 47

Z

Zak, 4
Zidane, Zinedine, 117
Zielonka, 108

SOBRE OS AUTORES

José Chavaglia Neto é professor de marketing e criatividade e inovação nos MBAs da FGV Management; e de neuroeconomia e inovação do programa de mestrado e doutorado da Florida Christian University, Orlando – EUA. É consultor de empresas e palestrante em neuroeconomia, neuromarketing e inovação. Doutor em Métodos Quantitativos pelo Instituto Universitário de Lisboa (ISCTE/IUL).

José António Filipe é licenciado em Economia no ISE/UTL – Instituto Superior de Economia, Universidade Técnica de Lisboa, na especialidade de Economia Financeira e Internacional; é Mestre em Gestão pelo ISCTE – Instituto Superior de Ciências do Trabalho e da Empresa; e Doutor em Métodos Quantitativos (especialização em Investigação Operacional) pelo ISCTE. É Professor Auxiliar com Agregação e Subdiretor do Departamento de Matemática da Escola de Tecnologias e Arquitetura do ISCTE – Instituto Universitário de Lisboa. Tem os seguintes interesses de investigação: Matemática; Estatística; Processos Estocásticos – Filas de Espera e Probabilidades Aplicadas; Teoria dos Jogos; Aplicações a Economia, Gestão, Finanças e Problemas Sociais; Ambiente e Economia dos Recursos Naturais. É autor/coautor de 250 artigos em Revistas Científicas Internacionais e *Proceedings* de Conferências, 27 capítulos de livros e 8 livros. É Editor/coeditor de 2 livros. É Editor-in-Chief de 2 Revistas Científicas. Colabora com um vasto número de Organizações Científicas internacionais.

Além da atividade acadêmica, entre outras, exerceu funções no Korea Trade Center (organismo comercial ligado à Embaixada da Coreia do Sul) e em uma Companhia de Seguros. Foi consultor de uma empresa de consultoria e formador do Instituto de Formação Bancária.

Manuel Alberto M. Ferreira é licenciado em Engenharia Eletrotécnica, ramo de Telecomunicações e Eletrônica, e Mestre em Matemática Aplicada pelo IST – Instituto Superior Técnico, da Universidade Técnica de Lisboa. É Doutor em Organização e Gestão de Empresas, na especialidade de Métodos Quantitativos pelo ISCTE – Instituto Superior de Ciências do Trabalho e da Empresa. É também Agregado em Métodos Quantitativos por esta instituição. Foi Presidente do Conselho Diretivo e posteriormente Vice-Presidente do ISCTE. É Professor Catedrático do Departamento de Matemática da Escola de Tecnologias e Arquitetura do ISCTE-IUL. Tem os seguintes interesses de investigação: Matemática; Estatística; Processos Estocásticos – Filas de Espera e Probabilidades Aplicadas; Teoria dos Jogos; Aplicações a Economia, Gestão, Finanças e Problemas Sociais; Ambiente e Economia dos Recursos Naturais; Estatística Bayesiana: aplicação à identificação forense. É autor/coautor de 339 artigos em Revistas Científicas Internacionais, 31 capítulos de livros e 27 livros. É Editor/coeditor de 6 livros.